westermann

PUENTE AL ESPAÑOL

Cuadernos de actividades 3

Spanisch als dritte Fremdsprache

Para repasar lo que has aprendido el año pasado, haz el *quiz* que encuentras aquí: WES-112640-001.

Experiencias y tiempo libre

1 Mi tiempo libre

a **Los jóvenes de las páginas 6 y 7 del libro han contado mucho sobre su tiempo libre. Relaciona las palabras con las definiciones correctas.**

1 el/la vecino/-a	**A** forma propia de ponerse ropa o de ser
2 la selva tropical	**B** llevar cosas y ropa modernas
3 las clases particulares	**C** lo que existe o lo que pasa de verdad
4 ir a la moda	**D** la persona que vive al lado de tu casa/piso
5 la pelota	**E** la manera de actuar
6 el estilo	**F** un bosque grande donde llueve mucho
7 la realidad	**G** cosa que necesitas para jugar al fútbol
8 el comportamiento	**H** clases que tienes después del insti para mejorar en una asignatura

b **Mira otra vez las fotos e imagínate que los jóvenes las han puesto en su perfil de una red social. ¿Qué *hashtags* pueden ponerles a sus fotos? Escribe tres *hashtags* para cada foto.**

2 Botellón, ¿sí o no?

a **Una reportera de un periódico entrevista a un grupo de jóvenes. Escucha y contesta a las preguntas.**

1 ¿Qué hacen los jóvenes durante el botellón?

2 ¿Por qué van los chicos de botellón?

3 Según los jóvenes, ¿cuáles son las aspectos negativos del botellón?

4 ¿Cuándo les parecen bien las multas[1] y cuándo les parecen mal?

p. 139/6e

b **¿Qué opinas tú sobre el botellón? Escribe en tu cuaderno un comentario de unas 100 palabras.**

1 **la multa** die Geldstrafe

3 Mi día

Gr p. 6/5.3

bueno cansado contento importante malo mucho poco temprano

Celia cuenta cómo ha sido su día. Completa el texto con el superlativo absoluto de los adjetivos.

Hoy ha hecho un tiempo (1) ______________ porque ha llovido mucho. Pero he sacado una buena nota y por eso estoy (2) ______________. Después del insti he ido a nadar. En el agua he visto (3) ______________ sin las gafas que llevo normalmente. He nadado una hora porque es (4) ______________ para todo el cuerpo. Hacer deporte para mí es (5) ______________. Después de nadar he comido (6) ______________ porque tenía mucha hambre. Esta noche me voy a acostar (7) ______________ – ¡estoy (8) ______________!

4 Mi paga

a **¿En qué gastas tu dinero? ¿Estás ahorrando para algo? ¿Recibes paga de tus padres para conseguirlo o trabajas para tener un poco de dinero? Contesta a las preguntas en un e-mail a tu amigo/-a de intercambio. Escribe unas 120 palabras.**

b **¿Cuánta paga reciben Natalia, Aritz y Martina? Escucha y marca con una cruz las respuestas correctas.**

1 Natalia recibe ...
- a 16 euros de paga.
- b 10 euros de paga.
- c nada de paga.

2 Aritz recibe ...
- a 15 euros de paga.
- b 40 euros de paga.
- c 50 euros de paga.

3 Los padres le dan a Martina ...
- a nada de paga.
- b 16 euros de paga.
- c 60 euros de paga.

c **¿Y en qué gastan su paga? Escucha otra vez y completa las frases.**

1 Natalia gasta su dinero en ______________
2 En su tiempo libre Aritz ______________
3 Aritz va a ahorrar dinero para ______________
4 Martina necesita dinero para ______________
5 Ahora Martina está ahorrando para ______________

5 Un e-mail desde Alemania y otro desde Colombia

a **Tom, el chico alemán-español, ha encontrado una familia de intercambio en Bogotá. Es la familia de Gilberto, el locutor colombiano de Buena Onda. Lee el e-mail de Tom a Gilberto y corrige los 10 errores.**

Hola, Gilberto:
Soy Tom, tu compañero de intercambio para el próximo año. Ya soy un poco nervioso y ¡me alegro mucho de conocerte! Tengo 16 años y vivo con mis padres en Erlangen, una ciudad que está en el sud de Alemania. Mi padre es alemán y mi madre es español.
¿Cómo es tu ciudad Bogotá? Creo que sea una ciudad muy grande y tengo miedo de perderme los primeros días. Es necesario que practicas conmigo el camino al insti. ;-) Ah, y ¿es verdad que Bogota es una ciudad peligrosa? ¿Es posible usar el transporte público o es mejor conducir en bici? →

____
____
____
____
____
____
____
____

¿Qué haces en tu tiempo libre? A mí me gusto estar en la naturaleza y ir a conciertos. ¿Piensas que pueda hacer senderismo en Colombia? Y ¿qué música escuchas? Yo prefiero el hip-hop. Te puedo enseñar algunos grupos alemanes si quieres.
Muchos saludos, Tom

____
____
____
____
____

Gr
p. 13/8.11

b Lee la respuesta de Gilberto y completa las frases con los verbos en indicativo o subjuntivo.

conocer   escribir   ir   molestar   necesitar   pensar   poder   tener

Hola, Tom:

¡Qué bien (1) ________________ (tú) español! Claro, si tu madre es de España ... Tienes razón, Bogotá es una ciudad enorme. Creo que actualmente (2) ________________ más de siete millones de habitantes. Entonces es normal que (3) ________________ (tú) bastante tiempo para llegar a un lugar. Yo siempre recomiendo a los turistas que (4) ________________ (ellos) en TransMilenio. Son autobuses largos y muy rápidos. También me preguntaste si Bogotá es una ciudad peligrosa. Sé que mucha gente lo (5) ________________. Claro, hay problemas, pero Bogotá es como cualquier otra ciudad grande. Lo importante es que (6) ________________ (tú) cuidado, sobre todo por la noche.

En mi tiempo libre colaboro con la emisora juvenil Buena Onda. No creo que tú la (7) ________________.

¡Es muy chévere! Si te gusta la naturaleza, (8) ________________ (nosotros) ir al Cerro Monserrate. Tiene más de 3000 metros de altitud[1] y (9) ________________ (tú) ver toda la ciudad desde allí. Y claro, los fines de semana podemos hacer excursiones para disfrutar de la naturaleza.

Ya tengo ganas de escuchar música alemana. A mí me gusta casi todo tipo de música.

Ah, otra cosa: Vas a compartir habitación conmigo. Espero que eso no te (10) ________________.

Hasta pronto, Gilberto

6 ¿Cómo son los jóvenes?

Lee el comentario de una joven española y completa las frases con las palabras que faltan.

Me enfada mucho ver cómo la gente habla de los jóvenes en los medios de (1) ________________: en la tele, en los periódicos y en las revistas. Parece que solo sabemos ir a fiestas. No estudiamos, (2) ________________ malas notas y (3) ________________ queremos trabajar. No hacemos más que (4) ________________ a los videojuegos, chatear e ir de tiendas. Además no somos responsables. Pero todo esto no (5) ________________ verdad. La mayoría de los jóvenes estudiamos y queremos sacar (6) ________________ notas para tener un futuro. Además, muchos de nosotros hacemos deporte, trabajamos en una ONG y cuidamos (7) ________________ medio ambiente. Pero claro, ¡también lo queremos pasar bien! Solemos (8) ________________ con nuestros amigos para ir al cine y disfrutar (9) ________________ la vida. Por eso la imagen de los jóvenes en los medios me (10) ________________ falsa.

1 **la altitud** die Höhe

7 Un acróstico

¿Qué es importante para ti y qué haces en tu tiempo libre? Haz un mapa mental y usa las palabras para escribir un acróstico con tu nombre como en el ejemplo. Después preséntalo en clase y explica por qué has elegido esas palabras para tu acróstico.

MIS PADRES Y AMIGOS
VIAJAR POR EL MUNDO
INTERNET
PAZ
HACER SURF

8 Entre idiomas

p. 146/10

Im Internet hast du eine Chilenin kennengelernt, die sich für ein Auslandsjahr in Deutschland interessiert. Auf der Suche nach Information ist sie auf diesen Erfahrungsbericht einer anderen chilenischen Jugendlichen gestoßen. Da sie noch nicht lange Deutsch lernt, schickt sie dir den Text und bittet dich um Hilfe. Beantworte ihre Fragen in einer E-Mail (ca. 120 Wörter).

- ¿Qué trabajos hizo Alejandra en el Haus Zauberberg?
- ¿Qué aspectos de la vida en Alemania fueron nuevos o difíciles para Alejandra?
- ¿Y qué aprendió durante su año en Alemania?
- ¿Dónde y cómo vivía Alejandra en Alemania? ¿Qué hacía en su tiempo libre?

Mein Freiwilligendienst im Haus Zauberberg

Ich muss sagen: Die Erfahrungen im Haus Zauberberg gehören auf jeden Fall zu den bisher besten meines Lebens! Durch meinen Freiwilligendienst habe ich Dinge erfahren, die ich woanders so nicht mitbekommen hätte: Zum Beispiel habe ich gelernt, dass die Mentalität bei der Arbeit eine andere ist als in Chile. Insgesamt war die ganze deutsche Kultur natürlich völlig neu für mich. Und ganz konkret durfte ich zum ersten Mal das wunderschöne Leben in einem Kolpinghaus genießen.
Mir hat es großen Spaß gemacht, in unterschiedlichen Bereichen arbeiten zu dürfen. Ich habe in der Küche, im Lokal und bei der Reinigung geholfen sowie die Mitarbeiterinnen und Mitarbeiter bei der Kinderbetreuung unterstützt. Am Anfang war es schon ein wenig schwer für mich, da alles neu war und ich noch nicht gut Deutsch konnte. Die deutsche Sprache ist für Fremdsprachler ja ohnehin schon sehr schwer! Wenn dann auch noch ein Dialekt hinzukommt, ist es für eine Anfängerin eine echte Herausforderung, eine Unterhaltung mit den Einheimischen zu führen. Ich habe mich deshalb von Anfang an bemüht, Deutsch zu lernen und konnte mich dann auch von Tag zu Tag besser verständigen. Dies ist wichtig, um richtig anzukommen und sich in der neuen Umgebung wohl zu fühlen.
Die Teilnahme an mehreren begleitenden Seminaren gehört zu einem weltwärts-Freiwilligendienst ebenfalls dazu. Dabei geht es vor allem um die Reflexion der eigenen Erfahrungen in Deutschland, sowie um interkulturelle oder entwicklungspolitische Themen. Durch die Seminare habe ich außerdem viele andere internationale Freiwillige kennengelernt und sie waren super geeignet, um sich auszutauschen, sich gegenseitig zu unterstützen und alles besser zu verstehen. Ich habe dabei nicht nur viel über die deutsche und bayerische Kultur gelernt, sondern auch sehr viel über mich selbst.
Den Freiwilligendienst im Allgäu zu leisten war wirklich toll. Ich hatte keine Vorstellung davon, wie es sich anfühlt, in so einem kleinen Ort wie Pfronten zu leben und zu arbeiten. Da ich selbst aus einer Millionenstadt komme, kam mir das schon ein bisschen surreal vor. Besonders die Natur und das ländliche Leben vor Ort haben mir aber sehr gefallen. Auch die Verpflegung im Haus Zauberberg war lecker und abwechslungsreich. [...]
Ich habe direkt an meinem Arbeitsplatz im Haus Zauberberg gewohnt und bekam ein eigenes, sehr gut ausgestattetes Zimmer. Da es von dem öffentlichen Bereich des Hauses getrennt lag, hatte ich dort auch meine Ruhe und konnte mich gut von der Arbeit erholen. In meiner Freizeit bin ich in den Ort gegangen, habe Handball im Verein gespielt und war bei der Kolping-Jugend aktiv.
Falls ihr euch für einen Süd-Nord-Freiwilligendienst interessiert: Ich kann den Freiwilligendienst mit den Kolping Jugendgemeinschaftsdiensten im Haus Zauberberg nur weiterempfehlen!

Weltwärts ENGAGEMENT GLOBAL gGmbH, Bonn. www.weltwaerts.de/de/erfahrungsbericht-alejandra-saez-duran.html [29.09.2021]

9 Pronto vendrá Tom

Lee el texto de la página 13 del libro y contesta a las preguntas.

1 ¿Cuándo llega Tom a Bogotá?

____

____

2 ¿Por qué no tiene mucho tiempo Felipe?

____

____

3 ¿Cómo va a reconocer Gilberto a Tom en el aeropuerto?

____

____

4 ¿Qué quiere enseñarle Felipe a Tom?

____

____

5 ¿Qué van a hacer los domingos?

____

____

6 ¿Qué planes tiene Gilberto para el primer día de Tom en Bogotá?

____

____

Gr
p. 8/8.8.8

10 ¿Qué pasará?

a **La noche antes de viajar a Colombia, Tom sueña con una pitonisa[1] que le habla de su viaje. Completa las frases usando el futuro simple.**

conocer enseñar esperar hacer ir llegar ser volver

(1) ____________ (tú) en barco a la costa colombiana. Cuando llegues al puerto, allí te (2) ____________ Gilberto y su hermano. (3) ____________ (vosotros) en coche hacia el centro del país. (4) ____________ un viaje difícil de varios días y (5) ____________ mucho calor y también mucho frío. En la montaña (6) ____________ (tú) a una chica morena con el pelo largo y un perro blanco. Os (7) ____________ el camino directo a Bogotá. (8) ____________ (tú) a ver a esta chica en tu instituto de intercambio.

b **En clase escribid las formas del futuro simple en las tablas de la página 76.**

1 **la pitonisa** die Wahrsagerin

11 Un futuro negro

p. 144/9a

a En parejas mirad el cómic y describid las imágenes. ¿Qué están haciendo Mafalda y su amiga?

b Hablad en parejas. ¿Qué significa la expresión “un futuro negro”? ¿Hay una expresión similar en tu idioma? ¿Qué es un futuro negro para ti?

12 Suposiciones

Tom ya vive en Bogotá. Les envía fotos a sus amigos de Alemania sin explicarles nada. ¿Qué se preguntan los amigos? Haz suposiciones usando los verbos de las casillas en futuro simple.

compartir cuidar echar gustar ser tener

1 

¿________________ al perro de Gilberto?

2 

¿Le ________________ la comida colombiana?

3 

¿________________ la abuela de Gilberto?

4 

¿Gilberto y Tom ________________ habitación?

5 

¿________________ nueva novia?

6 

Parece estar muy contento. ¿Nos ________________ de menos?

13 Espacio cultural

a Tom llegó a Colombia hace un mes. Gilberto le hace preguntas en Buena Onda sobre su vida en Bogotá. Escucha la entrevista y apunta las cosas que le llaman la atención a Tom.

____

____

b ¿Qué le sorprende mucho a Gilberto y por qué? Habla con tu compañero/-a.

c Contestad en clase a la última pregunta de Gilberto.

14 Un artículo

p. 129/1.1

a **En Bogotá hay algo que le llama especialmente la atención a Tom. Lee el artículo que se encuentra en un periódico sobre este tema. En el texto hay palabras que no conoces todavía, pero con la ayuda de las estrategias las puedes entender. Marca cinco palabras desconocidas y tradúcelas.**

____

Hoy es domingo, pero muchos bogotanos se levantan temprano y salen a la calle. No para trabajar, sino para ir en bicicleta por las calles de la capital. Sin prisa pero con pausa, van a usar la Ciclovía de su ciudad.

Desde 1974 algunas calles de Bogotá se cierran al tráfico los domingos y los festivos y se abren a las bicicletas y a la diversión. Actualmente hay más de 120 kilómetros de carreteras que se convierten en ciclovías por unas horas. De siete de la mañana a dos de la tarde el deporte reina en la capital. Nació como una alternativa para ofrecer a los bogotanos un espacio para actividades y hoy es parte de la identidad de la ciudad.

Pero la gente no solo practica el ciclismo. En la Ciclovía los bogotanos encuentran actividades gratuitas en parques, calles, centros comerciales ... En estas paradas, que se llaman recreovía, puedes practicar otros deportes como la gimnasia, el aerobic, el yoga ... o simplemente escuchar un concierto. Más de dos millones de bogotanos participan regularmente con sus bicicletas en estas actividades.

b **Escribe en la línea un título adecuado para el artículo.**

c **Prepara cinco preguntas sobre el texto para tu compañero/-a. Él/Ella las contesta.**

d **¿Hay algo parecido en vuestra ciudad/vuestro pueblo o en algún sitio que conozcáis? ¿Os parece buena idea? Discutidlo en parejas y proponed ideas para disfrutar más de vuestra ciudad los fines de semana.**

15 A tu manera

Elige una actividad.

1. Imagina que un/a alumno/-a de intercambio viene a tu casa. Escríbele un e-mail de unas 120 palabras y cuéntale qué haréis en la primera semana de su visita.
2. En parejas haced una lista con las ventajas y desventajas de tener un intercambio en casa. Después, haced un juego de rol. *A* está a favor de tener un intercambio en casa y *B* está en contra. Representad la discusión en clase.
3. En grupos pequeños planead un paseo turístico por lugares interesantes de Bogotá. Buscad en internet y/o en el Diccionario Cultural (WES-112637-002) y presentad a la clase el paseo por Bogotá dando información sobre cada lugar. ¿Dónde está? ¿Cómo puedes llegar? ¿Hay que pagar entrada?

Gr
p. 15/8.11

16 ¿Qué cuenta Gilberto?

Gilberto habla con su madre. Fíjate en las palabras subrayadas y el uso del subjuntivo y del indicativo. ¿Cómo traduces las conjunciones al alemán? Hablad en parejas y comparad después en clase.

1 Cuando tenemos tiempo, nos vamos a la montaña los fines de semana.
2 Cuando llueva, vamos a visitar el Museo del Oro.
3 Tom quiere llamar a sus padres todas las noches aunque vuelva tarde a casa.
4 Aunque ya es muy tarde, Tom llama a sus padres.
5 Mientras hago los deberes, Felipe prepara la cena.
6 Mientras Tom viva en Bogotá, va a echar de menos a sus amigos en Alemania.

17 Ideas para visitar Erlangen

a Tom llama a su madre y le cuenta la idea de que Gilberto viaje a Alemania. También le pregunta qué puede enseñarle a Gilberto. Completa las frases de la madre con la forma correcta del presente de indicativo o subjuntivo.

1 Aunque el primer día Gilberto ________________ (tener) muchas ganas de conocer Erlangen, primero tiene que descansar un poco.
2 Es mejor que no organices muchos planes hasta que Gilberto ________________ (venir) a Alemania.
3 Puedes llevarlo al centro cultural *E-Werk*. Allí podéis escuchar un concierto mientras ________________ (cenar) o ________________ (tomar) algo.
4 Cuando Gilberto ________________ (querer) viajar a los Alpes, llamamos a tu tío que trabaja allí como guía.
5 Ya sabes que yo siempre recorto[1] artículos del periódico cuando ________________ (encontrar) información que creo que puede ser interesante para turistas.
6 Tu padre puede preparar comida típica alemana mientras Gilberto ________________ (estar) en Erlangen.

b Ahora completa las frases de Tom con la forma correcta del presente de indicativo o subjuntivo. Usa los verbos de las casillas.

estar gustar haber saber tener venir

Gilberto me cae superbién. Como yo, tiene muchas ganas de viajar y conocer otras culturas. Mientras (1) ________________ en Alemania, lo ayudaré con el idioma. Aunque ya (2) ________________ algunas palabras, seguro que no entenderá mucho. Cuando papá y tú (3) ________________ tiempo, quiero que vayamos todos al Schlossgarten. Aunque a Gilberto no le (4) ________________ mi música favorita en especial, le encanta la música en general y bailar. Por eso, cuando (5) ________________ un concierto, tenemos que ir. Bueno, todavía estoy aquí en Bogotá y tenemos mucho tiempo hasta que Gilberto (6) ________________. Pero sabes que me gusta organizar y hacer planes para el futuro.

18 El último fin de semana de Tom en Bogotá

En parejas haced el ejercicio tándem en la página 70.

1 **recortar** ausschneiden

19 Rincón de lectura: Una cita

a Lee el fragmento de la novela "Sin máscara" y resume lo que pasa en la escena.
b Hablad en clase y explicad por qué Luna empieza a llorar cuando Roberto está tocando el violín.
c Escribe en tu cuaderno el monólogo interior de Luna expresando sus pensamientos y sentimientos.

p. 139/6f

Roberto y Luna tienen una relación especial. Un día quedan en un parque y Roberto ha llevado su violín porque viene de la clase de música. Luna recuerda le a Roberto que él quería tocar el violín solo para ella.

–¿Qué quieres que toque? [pregunta Roberto].
–No sé. No entiendo nada de violín. Algo que mole.
–Tocaré una pieza muy conocida.
–Da igual, seguro que no la conozco.
–Es de Chaikovski. Piotr Ilich Chaikovski.
–¡Ah, sí, me suena! Lo hemos estudiado en música.
–Segundo movimiento del Concierto para violín en re mayor opus 35.
Luna aplaudió entre risas[1] a Roberto, que se sentía un poco desconcertado por la actitud de la muchacha. No obstante, se concentró en la obra, una de esas que se sabía de memoria porque era de las que más le gustaba interpretar. Era una pieza que siempre le estremecía[2] de pies a cabeza, se apoderaba de él y le transportaba a un mundo lleno de emociones difíciles de explicar. Pero ¿sería capaz de transmitir alguna de estas emociones a Luna?
Roberto se concentró en los ojos de la muchacha, esos ojos grandes y brillantes, y comenzó a tocar. [...]
–¿Te ha gustado? –le preguntó Roberto al terminar.
Luna solo pudo responder inclinando[3] un par de veces la cabeza hacia delante. Roberto sacó un pañuelo[4] del bolsillo y le secó las lágrimas[5].
–Pero ¿por qué lloras[6]?
Luna se encogió de hombros e intentó tragarse el nudo que tenía en la garganta[7].
–No lo sé.
–¿No lo sabes? –sonrió Roberto.
–Nunca me había ocurrido[8] una cosa así –reconoció Luna–. Sentía como si tú, y tu violín, los dos unidos, me hablaseis a través[9] la música.
–¿Y qué te decíamos?
–Algo que me llegaba muy adentro y se apoderaba de mis sentimientos. Yo no podía controlarlos.
–Pero... ¿de verdad te ha gustado?
Luna volvió a afirmar[10] con la cabeza. Luego, cogió el pañuelo de Roberto y se secó ella misma las lágrimas.
[...]
–Ahora entiendo que quieras ser violinista. Es algo... no sé cómo decirlo... ¡maravilloso[11]!
–Yo opino lo mismo.
–¡Joder! ¡Aún tengo la carne de gallina[12]!
Estaban muy cerca, mirándose como dos enamorados que han perdido la noción del tiempo y del espacio.
Luna levantó los brazos y con las manos acarició las mejillas de Roberto. Luego le rodeó el cuello y lo atrajo[13] hacia él. Se abrazaron y sus bocas se buscaron hasta encontrarse.

Gómez Cerdá, Alfredo: Sin máscara. Decimotercera edición. Madrid: Ediciones SM 2005, páginas 119–121.

[1]**la risa** das Lachen | [2]**estremecer** erschaudern (lassen) | [3]**inclinar** neigen, beugen | [4]**el pañuelo** das Taschentuch | [5]**la lágrima** die Träne | [6]**llorar** weinen | [7]**tragarse un nudo en la garganta** einen Kloß im Hals herunterschlucken | [8]**ocurrir** *pasar* | [9]**a través** durch | [10]**afirmar** zustimmend nicken | [11]**maravilloso/-a** *hermoso/-a* | [12]**la carne de gallina** die Gänsehaut | [13]**atraer** heranziehen

20 La gente de mi generación

a Lee las listas de palabras en voz alta, después escucha y comprueba.

1 gastar, el bloguero, conseguir, agotador, el gusto, la agricultura
2 la generación, la gente, la imaginación, la gimnasia, la ONG
3 mágico, elegante, la guerra, la granja, la geografía, la desigualdad

b Practica cómo leer en voz alta estos trabalenguas. Después formad grupos de tres y haced una competición. ¿Quién los lee más rápidamente sin hacer errores? Controlad el tiempo.

Si su gusto no gusta del gusto que gusta a mi gusto qué disgusto se lleva mi gusto al saber que su gusto no gusta del gusto que gusta a mi gusto.

De generación en generación las generaciones se degeneran con mayor degeneración.

Imaginado lo inimaginable, Gema imaginaba una imagen de su imaginación.

Imágenes de Latinoamérica

1 El mapa de Latinoamérica

En grupos de cuatro o cinco mirad el mapa de Latinoamérica al final del libro. La persona más joven empieza y formula una pregunta sobre la geografía de Latinoamérica. El/La que conteste primero formula la siguiente pregunta.

¿Cómo se llama la capital de Paraguay?

Se llama Asunción.
¿Con qué países limita Bolivia?

2 En clase de Geografía e Historia

p. 135/4.1

a En el instituto de Celia y Raquel el profesor de Geografía e Historia habla con sus alumnos sobre Latinoamérica. ¿De qué temas hablan? Escucha y relaciona los nombres con los números de los temas. Ojo: tres temas sobran.

nombre	Carmen	Sergio	Laura	Jesús	Nuria	Francisco
tema	6					

1 la historia
2 la naturaleza
3 el deporte
4 las culturas indígenas
5 la música
6 los alimentos[1]
7 las ciudades
8 el paro

b Escucha otra vez el diálogo y completa las frases.

1 Carmen conoce la comida de Latinoamérica porque ______________________________

____

2 Cristóbal Colón salió desde ______________________ hacia el ______________________ para encontrar un nuevo camino a la India.

c Marca con una cruz la frase correcta.

1 El año pasado Laura visitó ...
- a el Parque nacional Torres del Paine.
- b Tikal, una ciudad maya en la selva.
- c Chichén Itzá en México.

2 Ciudad de Panamá ...
- a no es una megalópolis interesante.
- b tiene muchos edificios históricos.
- c está en la costa y es moderna.

d Contesta a las preguntas en pocas palabras.

1 ¿Qué pasó en Latinoamérica en el siglo XX?

____

____

2 ¿Qué dice el chico sobre el Amazonas?

____

____

1 **el alimento** das Nahrungsmittel

3 Formamos palabras

p. 129/1.1

a **En parejas leed los puntos 1.1c y 1.1d de las estrategias y fijaos en las siguientes palabras. Seguid las reglas de formación de palabras y escribid para cada palabra una más de la misma familia. Reflexionad sobre su significado y luego comprobad vuestros resultados en un diccionario.**

1 el descubrimiento ____________________

2 bautizar ____________________

3 importante ____________________

4 habitar ____________________

5 la creación ____________________

6 colaborar ____________________

b **¿Qué significan las palabras subrayadas? Marca con una cruz el sinónimo o la explicación correcta.**

1 Una persona amable es ...
- a maja.
- b pesada.
- c violenta.

2 Una persona indígena ...
- a es extranjera.
- b es originaria de México.
- c forma parte de un pueblo originario de una región.

3 Un rey era un hombre que ...
- a iba en barco a nuevos lugares.
- b tenía mucho poder.
- c trabajaba en una mina.

4 Si apoyas a alguien, ...
- a lo ayudas.
- b lo dejas en paz.
- c tenéis algo en común.

5 Si algo pasa por casualidad, ...
- a había un plan genial.
- b nadie lo había esperado.
- c no pasó en realidad.

6 Explotar significa ...
- a sacar benificio de algo.
- b luchar contra desigualdades.
- c tomar una nueva religión.

4 El descubrimiento y la conquista

p. 132/3.1

a **Lee otra vez el texto 4 de la página 26 del libro y completa la tabla. ¿Qué información da el texto sobre los siguientes temas o personas? Después comparad vuestras tablas en clase.**

Cristóbal Colón	
Los Reyes Católicos	
El 12 de octubre de 1492	
La conquista	
Los habitantes del continente americano	

b **En parejas, elegid dos temas o personas de la tabla y buscad información sobre ellos en el Diccionario Cultural (WES-112637-002) o en internet. Añadid a la tabla por lo menos dos datos interesantes más sobre cada uno. Comparad después en clase la información que habéis encontrado.**

5 Noticias de las colonias

El país y la gente

Uno de los motivos de la Conquista y de la colonización en América fue la cristianización. Los indígenas no solo tuvieron que adoptar la cultura y la lengua de los españoles, sino también su religión. **Bartolomé de las Casas (1474-1566)**, un fraile[1] y sacerdote[2] dominico, llegó a América en 1502. Trabajando en una encomienda se dio cuenta de los abusos[3] cometidos por los colonizadores españoles contra los pueblos indígenas y empezó a luchar por sus derechos. Dos de sus escritos más famosos son *Brevísima relación de la destrucción de las Indias* e *Historia de Las Indias,* que describen la colonización de las Antillas españolas. De las Casas luchó durante 50 años de su vida contra la esclavitud y a favor de una política de colonización más humana.

Muy buen y muy importante amigo:

Te escribo desde las Indias. Llegué hace cuatro semanas a la Nueva España después de un duro viaje por mar. Te tengo que decir que este lugar con sus plantas y sus animales, es muy diferente a España, parece un paraíso. Ya sabes que las colonias están organizadas en virreinatos. El virrey de Nueva España, que es el representante del Rey de España en estas tierras, vive en la ciudad de México. Tengo planes de visitar esta ciudad porque me interesa ver cómo vive la gente en una gran ciudad colonial.

Conozco muy bien la región y también a algunos colonizadores. Ellos tienen grandes tierras y también algunas minas de oro y plata. Pero lo que todavía me llama la atención y me preocupa especialmente es otra cosa: el destino de los indígenas en la colonia. Para ellos la vida no es fácil y tienen que cumplir con muchas tareas. Seguro que ya has oído hablar de las encomiendas. Son como haciendas en las que vive un español, el encomendero, con varios indígenas. En la encomienda el español cuida a los indígenas, los protege, les da educación y también enseña nuestra religión católica durante toda su vida. Ellos, en cambio, están obligados a servir al encomendero, es decir, a trabajar para él, a aprender a leer y a escribir y también a abandonar su propia religión.

Sin embargo, la realidad es otra. Cada vez que visito una encomienda tengo la impresión de que los indígenas trabajan en los campos y también realizan todas las tareas de la casa, mientras los encomenderos están acostados hasta el mediodía. Se levantan cuando la comida está preparada y las tareas están hechas. Y así pasan sus días. Existen leyes para evitar la explotación de los indígenas, pero nadie las respeta. Todavía peor, muchos indígenas tienen que trabajar dentro de un sistema que se llama la mita. La mita es una palabra de origen inca y significa turno[4]. Es un sistema de trabajo obligatorio que ya en su época practicaron los incas y fue una de las pocas cosas adoptadas por los españoles. He visto sufrir y hasta morir a muchos indígenas en la mita, sobre todo cuando tienen que trabajar en las minas donde el trabajo es muy duro y nada seguro. Somos cristianos y no podemos aceptar que traten de esta manera a ciertas personas.

Lo único que me tranquiliza un poco es que no todos los españoles son así. Cerca de una encomienda que visité hace poco viven religiosos que estudian la cultura y la religión de los indígenas. Ellos hablan la lengua de estos indígenas y me han dicho que también existen libros que ya están traducidos de la lengua indígena al español. Como ves, aún queda mucho por hacer. Mientras tanto seguiré con mis estudios sobre el tema aquí en las colonias.

Dios te proteja, Bartolomé

a Lee la carta que el fraile español Bartolomé de las Casas escribe a un amigo*.
¿En qué orden habla Bartolomé de los siguientes temas? Escribe los números en las casillas.

☐ las tareas de los indígenas

☐ los estudios de la cultura indígena

☐ el trabajo obligatorio en turnos

☐ la organización de las colonias

☐ las tareas del encomendero

☐ la riqueza de los colonizadores

☐ la naturaleza del Nuevo Mundo →

1 **el fraile** der Mönch | 2 **el sacerdote** der Priester | 3 **el abuso** der Missbrauch | 4 **el turno** die Schicht, die Reihenfolge

*Esta carta es inventada.

b **Lee otra vez la carta de Bartolomé y explica estos sistemas o instituciones. ¿Cómo son? ¿Cómo funcionan?**

1 las encomiendas: ____________________

____

2 la mita: ____________________

____

c **Contesta a las preguntas.**

1 ¿Qué es la Nueva España?

____

2 ¿Qué es lo que más le preocupa a Bartolomé?

____

3 ¿Qué hacen realmente los encomenderos?

____

4 ¿De qué ejemplos positivos habla Bartolomé?

____

d **En parejas discutid sobre las siguientes preguntas. Después hablad en clase.**

¿Qué cambió en la vida de los indígenas? ¿Qué ventajas tuvo para España y para América la sociedad colonial?

6 Una respuesta para Bartolomé

Bartolomé recibe una respuesta de su amigo Juan. Completa el texto con las perífrasis verbales de las casillas y los pronombres que faltan. Ojo: hay dos frases en subjuntivo.

dejar de (+ inf.) | llevar (+ ger.) | volver a (+ inf.) | ir a (+ inf.) | empezar a (+ inf.) | tener que (+ inf.) | seguir (+ ger.) | acabar de (+ inf.)

Muy importante amigo Bartolomé:

(1) ____________ recibir tu carta y (2) ________ ha gustado mucho leerla. (3) ____________ esperando noticias (4) ________ desde hace mucho tiempo. Lo que escribes sobre la Nueva España (5) ________ parece impresionante. Es difícil imaginarse la vida en las colonias, por eso es muy importante que nos (6) ____________ informando aquí en España sobre la situación en el Nuevo Mundo. Si sigues con (7) ________ planes de visitar la ciudad de México, (8) ____________ poder estudiar la vida de los indígenas en esa gran ciudad colonial. Es importante saber si los indígenas de la ciudad también (9) ____________ trabajar duro para los colonizadores.

Esperamos que la gente (10) ____________ tratar a los indígenas de esta manera y (11) ____________ respetar las leyes.

Te (12) ____________ escribir pronto para (13) informar________ mejor sobre la vida en España.

Dios te proteja, Juan

7 Los tiempos del pasado

¿Cuándo usáis los tiempos verbales del pasado? En parejas, marcad con una cruz las frases correctas. A veces más de una respuesta es correcta.

1 Das **pretérito perfecto** nutzt du, wenn du über ...

- a Ereignisse sprichst, die heute passiert sind.
- b Dinge sprichst, die du noch nie gemacht hast.
- c Ereignisse sprichst, die im letzten Jahr passiert sind.

2 Das **pretérito pluscuamperfecto** nutzt du, wenn du ...

- a sich wiederholende Handlungen beschreiben möchtest.
- b eine Vorvergangenheit ausdrücken möchtest.
- c ausdrücken möchtest, dass etwas erst vor ganz kurzer Zeit passiert ist.

3 Das **pretérito imperfecto** nutzt du, wenn du ...

- a eine Situation in der Vergangenheit beschreibst.
- b über Handlungen in der Vergangenheit sprichst, die gleichzeitig abgelaufen sind.
- c über plötzlich eintretende Handlungen sprichst.

4 Das **pretérito indefinido** nutzt du, wenn du über ...

- a Ereignisse sprichst, die noch nicht beendet sind.
- b Gewohnheiten in der Vergangenheit erzählst.
- c Ereignisse und Handlungen sprichst, die abgeschlossen sind und keinen Bezug zur Gegenwart haben.

8 En el museo

a Markus está en Andalucía y realiza una excursión al Museo del Muelle[1] de las Carabelas[2]. Relaciona las frases con los marcadores temporales para saber qué dice el guía del Museo y escribe cinco frases en las líneas. Hay más de una solución posible.

Antes	se abrió al público por primera vez la exposición sobre Colón.
La semana pasada	la exposición sobre Colón ha tenido mucho éxito.
Ayer	han visto la exposición muchos turistas españoles.
Hoy	había una exposición sobre la isla Guanahani.
Esta mañana	vinieron muchos turistas del extranjero.

b Markus escribe un mensaje a su amigo Carlos para contarle de su visita al Museo. Decide si los verbos subrayados son correctos o no y corrige los seis errores.

Hola, Carlos:
Hoy había visitado el Museo del Muelle de las Carabelas. Antes había una exposición sobre la isla Guanahani, pero ayer la han cambiado por una exposición sobre Colón. El mes pasado hemos hablado sobre el descubrimiento de América en clase. Antes me pareció un tema aburrido, sin embargo esta vez me había gustado. Era muy interesante y he aprendido muchas cosas nuevas.
Muchos saludos, Markus

1 **el muelle** der Kai | 2 **la carabela** das Segelschiff

9 Hernán Cortés

Lee el texto sobre el conquistador Hernán Cortés y complétalo con las formas correctas de los tiempos del pasado. Usa los verbos de las casillas.

dejar | empezar | llegar | morir | nacer | tener | querer | viajar

Hernán Cortés (1) ____________ en 1485 en Medellín, España, y (2) ____________ en 1547 cerca de Sevilla. Cuando (3) ____________ solo 14 años, (4) ____________ a estudiar en la Universidad de Salamanca, pero (5) ____________ sus estudios porque (6) ____________ viajar al Nuevo Mundo. En 1511 (7) ____________ por primera vez a Latinoamérica, a Cuba y en 1519 (8) ____________ a México.

empezar | encontrar | pensar | recibir | ser | trabajar | ver

Aunque ya (9) ____________ para el reino español antes, Cortés (10) ____________ a conquistar más territorios indígenas. Los aztecas (11) ____________ que Cortés (12) ____________ el dios Quetzalcóatl, por eso le (13) ____________ amablemente. Cortés (14) ____________ las diferencias entre los pueblos indígenas y entonces (15) ____________ la solución para destruir al imperio azteca: La ayuda de los tlaxacl-tecas, otro pueblo indígena.

conocer | conseguir | destruir | existir | llevar | tener

Además los conquistadores (16) ____________ enfermedades a América que antes no (17) ____________ allí y (18) ____________ armas que los indígenas no (19) ____________. En 1521 los españoles (20) ____________ la ciudad de Tenochtitlán, la capital de los aztecas, y Cortés (21) ____________ ser gobernador general del virreinato Nueva España.

salir | ser | tener | traducir

Cortés (22) ____________ once hijos de seis mujeres diferentes. Una de ellas (23) ____________ Malinche, una mujer indígena que (24) ____________ para él. (25) ____________ un hijo, Martín, el primer mestizo de la América continental. Hasta hoy (26) ____________ muchos libros y películas sobre la vida de Cortés.

10 Espacio cultural

a **Mañana es 12 de octubre y Buena Onda quiere hacer un programa sobre este día en los diferentes países de Latinoamérica. Los jóvenes de la radio, entre ellos el nuevo locutor Daniel del Perú, hacen una videoconferencia y planean el programa. Escucha el diálogo y relaciona cada país con el nombre que la gente usa allí para este día festivo. Sobran dos nombres (1-7).**

1 Día de la Raza
2 Día del Nuevo Mundo
3 Día de la Hispanidad
4 Día de la Diversidad Cultural Americana
5 Día de los Pueblos Originarios y del Diálogo Cultural
6 Día de Hispanoamérica
7 Día del Descubrimiento de Dos Mundos

A España
B Chile
C Perú
D Colombia
E México
F Argentina

b Escucha otra vez y toma apuntes. ¿Qué opiniones expresan los jóvenes sobre la celebración de este día? Compara tus apuntes con tu compañero/-a.

11 Entre idiomas

p. 146/10

a In einem spanischsprachigen Forum bist du auf eine interessante Diskussion über den "Kolumbustag" gestoßen. Du hast zu dem Thema recherchiert und diesen Artikel gefunden. Lies den Text und schreibe einen Beitrag auf Spanisch für das Forum (ca. 90 Wörter). Erkläre, warum der Kolumbustag umstritten ist. Woran erinnert er und was symbolisiert er (in Spanien und in Lateinamerika)?

Umstrittene Erinnerung: Der Kolumbus-Tag

Eigentlich wollte er nach Indien. Stattdessen entdeckte Kolumbus Amerika – der Kolumbus-Tag am 12. Oktober erinnert in Spanien und Amerika daran. Indigene erinnert der Tag vor allem an eine brutale Eroberungsgeschichte. Es ist ein Feiertag zu Ehren des italienischen Seefahrers und Entdeckers Christoph Kolumbus (1451-1506): Am 12. Oktober 1492 kam er, unterwegs in spanischen Diensten, in der „Neuen Welt" an. Der Kolumbus-Tag will an dieses geschichtliche Großereignis erinnern.

Für viele Menschen, insbesondere in Lateinamerika, steht Kolumbus jedoch für den Beginn einer leidvollen Geschichte. Schließlich begann mit seiner Eroberung die spanische Kolonialzeit auf dem amerikanischen Kontinent – aus Sicht der indigenen Bevölkerung ein dunkles Kapitel, das vor allem für Völkermord und jahrelange Unterdrückung steht. Der Kolumbus-Tag ist und bleibt daher umstritten. Gefeiert wird er dennoch weiterhin - wenn auch mancherorts unter anderem Namen. [...]

Día de la Hispanidad

Kolumbus eroberte im Auftrag der spanischen Krone die Welt – mit seiner Entdeckung Amerikas begann für Spanien das große Kapitel der Kolonialisierung. Der Jahrestag soll auch die Vernetzung mit der spanischsprachigen Welt in Lateinamerika feiern. Er symbolisiert, wie die spanische Sprache und Kultur sich von Europa nach Amerika ausgedehnt haben. Viele Spanier nennen den Tag immer noch „Día de la Hispanidad", also „Tag der Hispanität". Offiziell heißt er aber seit 1987 „Fiesta Nacional de España" und wird seither als spanischer Nationalfeiertag begangen.

Ein Tag – viele Namen

„Tag der Rasse", auf Spanisch „Día de la Raza", so heißt der Jahrestag tatsächlich in manchen lateinamerikanischen Ländern – eine umstrittene Bezeichnung. Einige Länder haben den Tag daher nach massiven Protesten von indigenen Gruppen umgewidmet. Sie wollen den Fokus weg von Christoph Kolumbus und der Großmacht Spanien lenken – und stattdessen auf ihre eigene Geschichte und Kultur aufmerksam machen. Wie umgehen mit dem kolonialen Erbe? Das bleibt eine Herausforderung in vielen Ländern weltweit – sei es bei denen, die teilweise brutal erobert wurden, oder denen der Eroberer selbst in Europa. Statuen, Denkmäler, Straßenschilder – überall erinnern Namen nach wie vor an zwiespältige Figuren der Geschichte. Doch vieles wird inzwischen in Frage gestellt – nicht zuletzt von den betroffenen Minderheiten, den Nachfahren der einst Unterjochten selbst.

Für die indigenen Minderheiten in Lateinamerika hat der umstrittene Feiertag daher einen hohen Symbolcharakter. Auch sie feiern ihn nach wie vor – aber unter anderen Vorzeichen. In Venezuela wurde der Tag 2002 in „Día de la Resistencia Indígena", „Tag des Indigenen Widerstands", umbenannt. In Argentinien steht er als „Tag des Respektes vor der kulturellen Verschiedenheit" im Kalender, in Bolivien als „Tag der Entkolonialisierung". Ecuador feiert einen „Tag der Interkulturalität" und Chile den „Tag der Entdeckung der zwei Welten".

Kern, Vera: Umstrittene Erinnerung: Der Kolumbus-Tag. In: Deutsche Welle, Bonn. 12.10.17. https://p.dw.com/p/2liDA [04.11.2021]

b Opinad sobre este tema: ¿Creéis que se debe celebrar ese día o no? ¿Por qué tiene varios nombres? Hablad en grupos y presentad vuestras ideas en clase.

12 Simón Bolívar: El libertador

a **Lee otra vez el texto 8 de la página 29 del libro. Completa la línea temporal con los datos de la vida de Simón Bolívar y preséntala en clase.**

1783
Bolívar nace en Caracas

b **Lee el texto sobre "Libertador", la película sobre la vida de Bolívar, y mejora su estilo añadiendo los siguientes conectores en el lugar adecuado. Escribe el texto con los conectores en tu cuaderno.**

además | así que | aunque | como | por lo tanto | porque

Esta película, que cuenta la vida de Simón Bolívar, fue producida por Venezuela y España. Fue rodada[1] solamente en estos dos países, la historia tiene lugar en seis naciones diferentes.
El equipo tuvo 50 millones de dólares para realizar la película. Alemania y Estados Unidos colaboraron en ella.
Libertador nos enseña los primeros años de vida de Bolívar. Nos podemos hacer una idea de los orígenes del líder. La película muestra su viaje a Europa y su lucha por la independencia. Se nos cuenta la situación en la que quedó Latinoamérica después de la muerte de su libertador.
El director de la película, Alberto Arvelo, quería conseguir una película muy realista, especialmente en las partes en las que se muestra la guerra de la independencia. Participaron aproximadamente 10000 actores.

13 Che Guevara

a **Aparte de Simón Bolívar otra persona histórica importante que luchó contra las desigualdades sociales en Latinoamérica fue Che Guevara. ¿Sabes quién era? Haz el quiz.**

1 Che Guevara nació en ...
- a Argentina.
- b Cuba.
- c España.

2 Su nombre real era ...
- a Ernesto.
- b Fidel.
- c Rosario.

3 De joven quería trabajar de ...
- a profesor.
- b vendedor.
- c médico.

4 Durante sus estudios ...
- a escribió un libro.
- b hizo un viaje por América del Sur.
- c luchó en una guerra.

5 Se llamaba también Che porque ...
- a era el nombre de su padre.
- b es una palabra típica de Argentina.
- c sus padres le pusieron dos nombres.

6 Conoció a Fidel Castro en ...
- a Argentina.
- b Cuba.
- c México.

7 Fue a Cuba para ...
- a apoyar al presidente Batista.
- b luchar en la revolución.
- c terminar sus estudios.

8 Che Guevara murió en ...
- a Bolivia.
- b Cuba.
- c el Congo.

1 **rodar** (einen Film) drehen

b Escucha el texto y comprueba si tus respuestas son correctas.
Después apunta qué pasó en los siguientes años.

1948: ______________________________

1959: ______________________________

1964: ______________________________

1967: ______________________________

14 El grupo de música Calle 13

Un compañero tuyo ha escrito un texto sobre Calle 13. Como no se siente muy seguro, te pide ayuda con las palabras subrayadas. Decide si son correctas o no y corrige los diez errores.

Los puertorriqueños René Pérez Joglar y Eduardo Cabra Martínez conocieron cuando tenían dos años. Renés madre se casaba con el padre de Eduardo. Cuando sus padres se separaron, siguieron en contacto y años después habían formado el grupo de música Calle 13. En aquella epoca, René vivía en la Calle 13 y Eduardo iba muchas vezes en su casa para visitarlo. Por eso se les conoce cómo "el Residente" y "el Visitante". La medio hermana de los dos, Ileana Cabra Joglar, está la voz femenina del grupo.
En sus canciones hablan de temas políticos y sociales, de la cultura latino-americana y de la actualidad. Han ganando muchos premios y son muy conocidos en Latinoamérica e España.

____
____
____
____
____
____
____
____
____
____

15 Lugares de Latinoamérica

a Mira estas fotos de algunos lugares famosos de Latinoamérica y escribe un título para cada foto. Puedes usar un diccionario.

b ¿Qué sabes de los lugares? ¿Sabes dónde se encuentran? Intenta descubrir qué lugares ves en las fotos, dónde están y qué puedes ver o hacer allí. Después, juntad la información en clase.

16 La historia del chocolate

a **En el texto hay palabras que no conoces todavía, pero con la ayuda de las estrategias de la página 129 del libro puedes entenderlas. Lee el texto. ¿Qué significan las palabras en azul? Habla con tu compañero/-a y comprobad después con un diccionario.**

El producto fundamental para elaborar chocolate es un fruto llamado cacao. Dentro del fruto están las semillas. Se sabe que el primer lugar donde se cultivó fue México. Allí, el pueblo maya descubrió que si las semillas de cacao se tostaban y se mezclaban con agua y otros ingredientes como el maíz, el resultado era una bebida rica y nutritiva, a la que llamaron "Xocolatl", que por lo visto significa "agua amarga". Más tarde llegaron los aztecas, quienes preparaban un chocolate muy parecido al de los mayas. La diferencia era que los mayas lo tomaban caliente y los aztecas frío.

Cuando los españoles llegaron a América en 1492, vieron por primera vez el árbol y las semillas de cacao, ya que en Europa no existían. Dice la leyenda que el conquistador español Hernán Cortés fue el primero en probar la extraña y desconocida bebida, le pareció riquísima y nutritiva. A partir de entonces, los barcos empezaron a regresar a España cargados de granos de cacao y la receta para preparar el chocolate líquido.
Como era una bebida amarga, en España se le añadió azúcar y vainilla y el resultado fue espectacular. El chocolate empezó a ser consumido por la gente más rica porque era un alimento bastante caro. Años después, durante el siglo XVII, el chocolate empezó a ser conocido en el resto de Europa convirtiéndose en un producto muy apreciado. En el siglo XVIII, en Inglaterra, se fabricó el primer chocolate sólido, es decir, un chocolate que se podía masticar.

Hoy en día, el chocolate se conoce en todo el mundo y gracias a los adelantos técnicos, disfrutamos de muchos tipos y variedades, como el fondant, el chocolate con leche, el chocolate con frutos secos, el chocolate instantáneo... ¡La lista es casi interminable!

Rodríguez Lomba, Cristina: Historia del chocolate. In: Mundo Primaria Academy, S.L., Madrid. www.mundoprimaria.com/lecturas-para-ninos-primaria/historia-chocolate [04.06.2021]

p. 136/4.2

b **Lee el texto otra vez. Resume la historia del chocolate usando las siguientes palabras clave. Escribe un texto de 50 a 60 palabras en tu cuaderno.**

el cacao • México • los mayas • los aztecas • los españoles • Hernán Cortés • probar • España • el azúcar • caro • el siglo XVII • Europa • Inglaterra • sólido • hoy en día • los tipos de chocolate

17 A tu manera

Elige una actividad.

1 Prepara una infografía de Latinoamérica con los datos de la conquista y de la independencia de cada país y preséntala a la clase.
2 En parejas elegid un país latinoamericano y buscad información en internet sobre su fiesta nacional más importante. ¿Cómo se llama la fiesta? ¿Qué y cómo se celebra? ¿Cuándo tiene lugar? Haced una presentación con fotos y música.
3 En grupos buscad información sobre la película "Diarios de motocicleta". ¿De qué habla? Juntad los datos más importantes y presentad la película en clase.

Gr
p. 4/3.7

18 Paulina

a Paulina habla con Iker de las culturas indígenas en México. Completa sus frases con los pronombres relativos de las casillas.

el que los que la que las que lo que

1 Puedes preguntar a mi abuela. Ella sabe todo ____________ necesitas saber sobre la cultura maya.

2 Este es el pueblo en ____________ nació mi abuela.

3 En Yucatán hay muchas ruinas bonitas a ____________ van muchos turistas.

4 ¿Cuál de las ciudades mayas te gusta más? ____________ más me gusta es Chichén Itzá.

5 ____________ me encanta de las culturas indígenas es que respetan la naturaleza.

6 Todos ____________ visitan Chichén Itzá quieren ver el templo de Kukulkán.

7 No entiendo ____________ dicen los carteles en náhuatl.

8 En mi familia mi abuelo es ____________ mejor sabe hablar en su lengua indígena.

b Paulina ayuda a Gilberto a presentar el programa sobre Bolivia. Relaciona las frases usando un pronombre relativo y, si es necesario, una preposición.

Ejemplo
Bolivia es un país en el que conviven muchas culturas.

1 ~~Bolivia es un país~~
2 Los países
3 En Bolivia hay muchas lenguas: el español, el quechua, el aimara y el guaraní son
4 Bolivia tiene diferentes tipos de climas y paisajes
5 La zona
6 La zona "Llanos y Amazonía" tiene grandes selvas
7 Simón Bolívar,

a
con
en

A hace interesante visitarla.
B viven muchos animales.
C encontramos montañas muy altas se llama "altiplano".
D muchos bolivianos consideran su libertador, dio su nombre al país.
E más se hablan.
F ~~conviven muchas culturas.~~
G limita Bolivia son Brasil, Paraguay, Argentina, Chile y el Perú.

19 Un país de Latinoamérica

a Has encontrado un concurso para viajar gratis a un país de Latinoamérica con tu mejor amigo/-a. Para ganar tienes que escribir un texto sobre el país de Latinoamérica que más te gustaría conocer. Escribe un texto de entre 120 y 140 palabras y explica por qué este país te interesa. Puedes usar las palabras de tu mapa mental de la unidad y añadir fotos y/o un mapa a tu texto.

b Lee el texto de tu compañero/-a y corrígelo. Fíjate en el uso de los conectores y de los pronombres relativos y haz propuestas para mejorar el estilo.

20 ¿Qué sabes de Latinoamérica?

En parejas haced el ejercicio tándem de la página 71.

21 El Día Internacional de la Lengua Materna[1]

a Gilberto habla sobre el Día Internacional de la Lengua Materna en un programa de Buena Onda. Escucha y marca las dos frases que resumen lo que dice.

- [ ] El Día Internacional de la Lengua Materna es celebrado sobre todo en Latinoamérica.
- [ ] La riqueza de idiomas de Colombia está en peligro.
- [ ] La mayoría de las lenguas del mundo no está en peligro.
- [ ] En el Perú y en Bolivia hay más personas que hablan lenguas nativas que en Colombia.
- [ ] Si te gustan las lenguas nativas[2], puedes participar en el foro.

b Escucha otra vez y relaciona los números (A-F) con la información correcta. Sobran dos informaciones.

A 67
B 6000
C el 90%
D 850 000
E 47
F 64

1 lenguas nativas en Bolivia
2 hablantes de lenguas nativas en Colombia
3 palabras originarias de lenguas nativas
4 lenguas nativas en el Perú
5 lenguas en el mundo
6 hablantes de lenguas nativas en Latinoamérica
7 lenguas nativas en Colombia
8 lenguas que están en peligro

c Completa las frases con la información que da el audio.

1 Un idioma está en peligro cuando ______________________________.

2 En Bolivia más de ____________________ de la población es ____________________.

22 Indígenas en el Amazonas

p. 137/6b

a En el Amazonas hasta el día de hoy muchas comunidades indígenas en Colombia viven una vida tradicional. ¿Cómo es la vida en el Amazonas? Mira el vídeo (WES-112640-003) y describe lo que ves de la vida allí. El vocabulario de la página 88 te puede ayudar.
b Resume en dos frases por qué se reúnen los líderes de los pueblos indígenas.
c Mira otra vez el vídeo y marca con una cruz si las frases son verdaderas o falsas. Corrige las falsas.

	v	f
1 Existen 26 pueblos indígenas en la región amazónica de Colombia.		
2 Los grupos étnicos hablan la misma lengua y tienen la misma forma de vivir.		
3 En la región colombiana del Amazonas viven medio millón de indígenas.		
4 Cuatro lenguas indígenas pueden desaparecer.		
5 Muchos jóvenes indígenas no hablan el idioma y se sienten perdidos.		

____

____

____

1 **materno/-a** Mutter- | 2 **nativo/-a** einheimisch

1 Palabras

una palabra correcta = 0,5 puntos ☐ de 5

Escribe otra palabra de la misma familia. Escribe los sustantivos con artículo.

1 liberar – ____________________ *(sustantivo)*
2 la venta – ____________________ *(verbo)*
3 la juventud – ____________________ *(adjetivo)*
4 el consumo – ____________________ *(verbo)*
5 desigual – ____________________ *(sustantivo)*
6 el amigo – ____________________ *(adjetivo)*
7 conquistar – ____________________ *(sustantivo)*
8 el rey – ____________________ *(sustantivo)*
9 conocer – ____________________ *(verbo)*
10 el/la esclavo/-a – ____________________ *(sustantivo)*

2 Leer

a Yesid es indígena y vive en Colombia. Lee este artículo de periódico sobre él y marca con una cruz el título más adecuado.

título correcto = 2 puntos ☐ de 2

☐ Los indígenas tucanos
☐ Los jóvenes indígenas prefieren vivir en la ciudad
☐ ¿Por qué se olvidan las tradiciones?
☐ La lengua materna no se olvida

El joven Yesid es un indígena tucano de 26 años. Lo conocemos en una plaza de la ciudad donde vive, Villavicencio. Nos habla en un perfecto español: “Debería hablar en mi lengua materna, pero ya no la recuerdo“, explica. Yesid aprendió español para poder comunicarse con las personas de la ciudad, y poco a poco olvidó su idioma. Antes de llegar a Villavicencio, vivía con su familia en Vaupés, en la frontera de Colombia con Brasil. Su padre era médico y trabajaba con todos los pueblos indígenas de la zona. La familia tuvo que dejar su tierra porque allí existen muchos problemas entre los grupos armados y el Gobierno. Por eso se fueron a vivir a Villavicencio, a 500 kilómetros.
Yesid nos cuenta que la vida en la ciudad es muy diferente. Hay que acostumbrarse a muchas cosas nuevas, incluso la comida es diferente. Es muy difícil seguir con las tradiciones indígenas. La mayoría de los jóvenes indígenas que nacen en la ciudad no conocen muchos aspectos de su cultura, como por ejemplo, sus fiestas, porque sus padres solo pueden enseñárselas en la comunidad.
La de Yesid no es la única familia de Villavicencio. Hay más de 70 familias en la misma situación. Piden al Gobierno que les ayude a volver a su tierra. Si eso no es posible, querrían vivir en un lugar donde puedan continuar con su cultura y sus tradiciones.

b Forma frases según el texto usando un elemento de cada grupo. No escribas las frases completas. Solo tienes que escribir las cifras, los conectores y las letras.

una frase correcta = 1 punto ☐ de 6

1 Yesid ya no usa su idioma
2 Yesid es de Vaupés,
3 Su familia tuvo que irse del pueblo
4 Muchos jóvenes indígenas no conocen sus tradiciones
5 En Villavicencio viven más de 70 familias
6 Esas familias quieren ayuda del Gobierno

que
para
por
porque

A viven una situación parecida a la de Yesid.
B lo ha olvidado.
C los problemas que hay entre los grupos armados y el Gobierno.
D se encuentra en la frontera entre Colombia y Brasil.
E volver a su tierra o, por lo menos, vivir en un lugar donde puedan mantener sus tradiciones.
F en la ciudad sus padres no pueden enseñárselas.

____

____

3 Gramática

1 verbo correcto = 0,5 puntos ☐ de 7

Paulina recoge información sobre la biografía de Malinche. Completa las frases con el tiempo verbal correcto (pretérito indefinido, pretérito imperfecto y pretérito pluscuamperfecto).

aprender | bautizar | darse cuenta | hablar | nacer | ser | tener | vivir

La Malinche (1) ______________ una mujer muy importante en la historia de la Conquista de América. Ella (2) ______________ en el actual estado de Veracruz en México, donde, en ese tiempo, (3) ______________ los aztecas. Su lengua materna (4) ______________ el náhuatl, pero de niña (5) ______________ que mudarse a un lugar maya. Desde muy joven, ella ya (6) ______________ el náhuatl y la lengua maya perfectamente. Más tarde, Malinche (7) ______________ esclava de Hernán Cortés. Rápidamente Cortés (8) ______________ del talento que Malinche (9) ______________ para las lenguas, ya que ya (10) ______________ español y (11) ______________ tres lenguas. Cortés la (12) ______________ con el nombre español Martina. Ella (13) ______________ su traductora personal y (14) ______________ un hijo con él.

4 Hablar

Decide con un/a compañero/-a cuántos de los 6 puntos recibes. Valorad el uso del idioma (= 3 puntos) y el contenido (= 3 puntos). ☐ de 6

Elige una de las fotos y descríbela en unas seis frases. Puedes tomar apuntes para preparar tu charla. ¿Qué ves en la foto? ¿Dónde están las personas y qué están haciendo?

5 Escuchar

una relación correcta = 1 punto ☐ de 8

Vas a escuchar cuatro mensajes de voz en el contestador. Escucharás cada mensaje dos veces. Relaciona los enunciados (A-J) con los mensajes escribiendo las letras en la tabla. A cada mensaje le corresponden dos frases. Ojo: sobran dos enunciados.

A Pide ayuda porque no sabe qué puede regalar.
B Cambia los planes para ese día.
C Va a llevar a alguien a la fiesta que no ha sido invitado.
D No puede ir a la fiesta y pide perdón.
E Quiere que lo/la llamen o le escriban.
F Quiere que lo/la llamen por teléfono rápido.
G Deja un mensaje de voz a su primo.
H Tiene que hacer algo el fin de semana pero no dice el qué.
I Pide permiso para hacer algo con su amiga.
J No sabe a qué hora empieza la fiesta exactamente.

mensaje	enunciados
1	
2	
3	
4	

6 Gramática

un verbo correcto = 0,5 puntos ☐ von 5,5

Celia y Raquel charlan sobre sus planes de futuro.
Completa el diálogo con los verbos correctos en futuro simple.

hacer ir pasar pensar poder querer tener terminar venir

CELIA: Raquel, ¿tú qué (1) ________________ después de terminar el colegio?

RAQUEL: Pues todavía no sé lo que (2) ________________. (3) ________________ (nosotros) el instituto dentro de dos años. Ya lo (4) ________________ más tarde. ¿Y tú? ¿Ya tienes planes? (5) ¿________________ a la universidad?

CELIA: Espero que sí. Pero creo que antes (6) ________________ de viaje a México.

RAQUEL: ¿En serio? ¡Qué guay!

CELIA: Sí. Mis primos (7) ________________ conmigo. Bueno, no sé si (8) ________________ (nosotros) hacerlo, mi primo mayor (9) ________________ que preguntarle a su jefa.

RAQUEL: Seguro que lo (10) ________________ (vosotros) genial. ¿Y tu hermano?

CELIA: No sé si mi hermano (11) ________________ ir también. A él no le gusta mucho viajar.

7 Escribir

Decide con un/a compañero/-a cuántos de los 6 puntos recibes.
Valorad el uso del idioma (= 3 puntos) y el contenido (= 3 puntos). ☐ de 6

Elige a uno de los niños de estas fotos. ¿Cómo crees que será su vida dentro de 20 años?
Escribe un texto de unas 60 palabras usando el futuro simple. Escribe sobre los siguientes aspectos: trabajo/estudios, familia, amigos, lugar donde vive, hobbies.

Evaluación ☐ de 45,5

0 — 45,5

¡Ánimo! Los consejos te van a ayudar. ¡Seguro que puedes hacerlo mejor! ¡Muy bien! Sigue así.

Consejos para mejorar

palabras	Repasa el vocabulario de las *Unidades* 1 y 2. En las página 131 del libro encuentras más consejos para aprender el vocabulario.
leer	Primero lee con atención las frases y marca las palabras clave. Después, lee el texto y busca las ideas relacionadas con las palabras clave. Al final relaciona las frases correctamente.
gramática	Si has tenido problemas con el ejercicio 3, lee la información sobre la voz pasiva en la página 20 de la gramática. Si has tenido problemas con el ejercicio 6, lee otra vez la información sobre el futuro simple en la gramática (página 8).
hablar	Piensa primero qué pasa en la imagen, qué elementos hay y cómo están organizados. También puedes describir lo que te llame especialmente la atención. Lee el punto 9a de las estrategias (página 143) si necesitas más consejos para describir una imagen.
escuchar	Antes de escuchar el audio lee con mucha atención las frases del ejercicio. Así sabrás qué información es la que necesitas. Si quieres leer más consejos sobre este tema, busca en la página 135 de las estrategias.
escribir	Antes de empezar a escribir piensa de qué va a tratar tu texto y apunta algunas ideas. Después de escribir el texto no olvides corregirlo con ayuda de la información de la página 139 de las estrategias.

Desde Andalucía

1 Un quiz sobre Andalucía

a Lee las frases sobre Andalucía y marca con una cruz las respuestas que te parecen correctas.

1 Andalucía tiene ...
- a tres provincias.
- b cinco provincias.
- c ocho provincias.

2 Desde el año 711 hasta el año 1492 vivieron en Andalucía ...
- a los ingleses.
- b los aztecas.
- c los árabes.

3 Un monumento muy famoso de Andalucía es ...
- a la Sagrada Familia.
- b la Alhambra.
- c la catedral de Burgos.

4 En el Parque Nacional de Doñana ...
- a viven muchos animales en peligro de extinción[1].
- b hay muchas montañas.
- c hay muchos monumentos antiguos.

5 Un lugar típico de Granada es/son ...
- a las Ramblas.
- b la playa La Zurriola.
- c las teterías.

6 Dos personas famosas de Andalucía son ...
- a el poeta Federico García Lorca.
- b el pintor Pablo Picasso.
- c el arquitecto Antonio Gaudí.

b Hay un concurso sobre Andalucía en Buena Onda. Escúchalo y comprueba tus respuestas del ejercicio a).

c Escucha otra vez y contesta a las preguntas.

1 ¿Cómo se llaman los participantes y de dónde son?

____

____

2 ¿Qué premio gana el/la ganador/a?

____

____

3 ¿Cuántos parques nacionales hay en Andalucía?

____

4 ¿Quién gana y con cuántos puntos?

____

____

2 Andalucía

En parejas haced el ejercicio tándem de la página 72.

p. 132/3.1

3 Un foro de viajes a Andalucía

Lee otra vez el texto de la página 46 del libro. Mira la tabla de la página siguiente y marca con una cruz si las frases son verdaderas, falsas o si la información no está en el texto. Después corrige las frases falsas.

1 **en peligro de extinción** vom Aussterben bedroht

	v	f	no está
1 *Isa24* solo quiere visitar Sevilla y Málaga, pero sus padres también quieren ir a Cádiz, Córdoba y Granada.			
2 El viaje de *Isa24* y su familia va a durar 15 días.			
3 *Isa24* se lleva bien con sus hermanos.			
4 *Sito* habla de la Alhambra, de Sierra Nevada y de Sevilla.			
5 La montaña más alta de la península española está en Andalucía.			
6 A *Isa24* le apetece hacer senderismo, comer tapas y disfrutar de la naturaleza.			
7 El barrio de Triana es el lugar perfecto para tomar tapas.			
8 *Goleador20* propone visitar Cádiz por sus playas salvajes.			
9 *Atún* recomienda ir a Córdoba para ver el Puente Nuevo.			
10 *Sonrisas* propone que *Isa24* saque una foto del Puente Nuevo para ponerla en la red social, pero a *Isa24* no le interesa.			

____

____

____

____

____

Gr
p. 9/8.8.9

4 Las próximas vacaciones

a Jaime y Emma, dos amigos de Alejandro, hablan de las vacaciones de Jaime. Completa el diálogo con los verbos de las casillas en condicional simple.

bañarse cenar ducharse estar gustar ir poder preferir tomar

EMMA: ¿Dónde te (1) ______________ pasar las vacaciones, Jaime?

JAIME: Pues la verdad es que no lo sé, Emma ... He pensado que Málaga ciudad (2) ______________ bastante bien, pero después mis padres dicen que (3) ______________ un lugar más tranquilo cerca del mar y no una ciudad grande como Málaga.

EMMA: Pero Málaga tiene también zona de playa donde hay casitas de verano muy tranquilas. Así (4) ______________ (vosotros) dormir hasta tarde e (5) ______________ todos los días a la playa, (6) ______________ el sol y (7) ______________ en el mar.

JAIME: No está nada mal ... Lo bueno de quedarnos en Málaga es que (8) ______________ (nosotros) ir por las tardes al centro. Después de la playa (9) ______________ (nosotros) e (10) ______________ a cenar a los restaurantes del centro. Creo que yo (11) ______________ todos los días "pescaíto frito" ... ¡Qué ganas tengo!

b Ahora explica a un compañero/-a qué te gustaría hacer en las próximas vacaciones.
c En clase escribid las formas del condicional simple en las tablas de la página 77.

5 ¿Cómo sería mi vida en ...?

Mira las fotos e imagínate tu vida en uno de estos lugares. ¿Cómo sería vivir en el Amazonas, en un castillo, en una isla en el lago Titicaca o en el piso más alto de la Gran Torre Santiago en Santiago de Chile? Escribe un texto de unas 150 palabras en el foro de Buena Onda usando el condicional simple.

6 ¿Cómo hablan los andaluces?

En Andalucía se habla un dialecto del castellano estándar. Escucha el diálogo. ¿Notas las diferencias entre el chico de Madrid y el chico de Andalucía? ¿Cuáles son? Hablad en clase.

Perdón, ¿dónde está el museo de la ciudad? ¿Y sabes si ahora está abierto?

No está lejos. Hay que seguir todo recto y girar a la derecha en la tercera calle. Después hay que cruzar el parque. Allí está el museo. Pero creo que ahora está cerrado.

7 Espacio cultural

a Vuestro instituto de intercambio en Andalucía os ha enviado un paquete con cosas típicas de la comunidad. En parejas relacionad las fotos con las explicaciones.

1 Desde el tiempo de los árabes, en las calles de las ciudades andaluzas hay muchos naranjos. Andalucía también exporta naranjas a toda Europa.

2 La Feria de Abril es la fiesta de la ciudad de Sevilla. Desde el año 1846 se celebra esta fiesta con música, baile y otras atracciones.

3 Andalucía es un productor de aceite de oliva muy importante en Europa. En toda la comunidad hay más o menos 165 millones de olivos.

4 El abanico es parte de la ropa típica de Andalucía. Las andaluzas lo usan sobre todo cuando hace calor.

5 La música de la guitarra y las castañuelas acompañan el cante y baile conocido como sevillanas.

6 Un signo de identidad del arte y de la arquitectura andaluza son los azulejos. Son de origen árabe y se pueden ver en edificios históricos como la Alhambra de Granada.

A

B

C

D

E

F

b Hablad en grupos. Explicad si hay objetos que os sorprenden y si faltan otros. ¿Para vosotros estos objetos son típicos de España? ¿Por qué (no)?

8 Un vídeo sobre Andalucía

a **En la página web de Buena Onda hay un nuevo vídeo sobre Andalucía** (WES-112640-004). **Míralo y marca con una cruz de qué temas habla.**

la comida típica las fiestas típicas las tradiciones la gente famosa los animales típicos la economía

p. 136/4.2

b **Mira el vídeo otra vez y contesta a la preguntas.**

1 ¿Qué dejaron los árabes en Andalucía? ____________________

2 ¿Cuáles son los tres alimentos mediterráneos? ____________________

c **Relaciona los nombres de los andaluces siguientes con su profesión. Ojo: dos profesiones sobran.**

1 Carolina Marín
2 María León
3 Antonio Machado
4 Paco de Lucía

A actor/actriz
B músico/-a
C arquitecto/-a
D deportista
E poeta
F pintor/a

d **Lee los textos y relaciónalos con las fiestas escribiendo los números en las casillas correctas. Ojo: hay un texto que no necesitas.**

1 La Semana Santa 2 El Rocío 3 La Feria de Abril

☐ **Lucas, 16 años:** Para mí esta es la mejor fiesta de todas las que se celebran en Andalucía. Voy con toda mi familia y mis primos hasta la iglesia fuera de la ciudad. En el camino comemos y bailamos mucho.

☐ **Benjamín, 15 años:** A algunos extranjeros les da miedo esta fiesta porque en las procesiones la gente lleva gorros largos y no se les ve la cara. Pero para las personas religiosas el Jueves y Viernes Santo son fechas muy importantes.

☐ **Pamela, 18 años:** A mucha gente le parece aburrido, pero para mí llevar flores a la Virgen del Pilar es un momento muy importante. Cuando termina el día la Virgen se ve muy bonita en la plaza de la iglesia.

☐ **Maya, 12 años:** Esta fiesta me gusta mucho porque siempre la celebro con mis amigas. Nos ponemos los vestidos típicos de sevillana y bailamos todo el día.

p. 143/8.2

9 Andaluces famosos

Busca información sobre una de estas personas famosas de Andalucía. Haz una ficha con la información más importante y preséntala en clase.

el futbolista Sergio Ramos

la actriz Paz Vega

el pintor Pablo Picasso

la cantante India Martínez

10 La Semana Santa

a En parejas mirad las fotos y hablad sobre la Semana Santa. ¿Qué sabéis ya sobre esta fiesta?

b Mira el vídeo (WES-112640-005) y apunta los días más importantes de la fiesta, qué cosas son típicas y por qué se celebra.

____

____

____

____

c Resume a tu amigo/-a de Chile en un e-mail de unas 100 palabras la información del ejercicio b) y dale recomendaciones sobre qué ciudades españolas debería visitar durante la Semana Santa.

11 Una cantante andaluza

p. 135/4.1

a En Buena Onda hay un reportaje sobre la cantante del grupo Chambao.
Escucha el texto y completa la ficha.

nombre completo: ______________________

nombre artístico: ______________________

lugar de nacimiento: ______________________

fecha de nacimiento: ______________________

b Escucha otra vez y completa las frases.

1 En el año ______________ la cantante empieza a hacer música con ______________________________.

2 Su música se llama ____________________.

3 En 2005 sale el primer disco que ______________________________________.

4 En el año ______________ escribe ____________________________.

5 Va a Argentina para ____.

6 En el año ______________ sale su último disco.

p. 146/10

12 Entre idiomas

Deine spanische Austauschschülerin ist bei dir zu Gast und hat in der Tageszeitung einen Artikel über die Sängerin Rosalía gefunden. Sie ist sich nicht sicher, ob sie alles richtig verstanden hat und möchte von dir wissen, welche Argumente die Gegner von Rosalía und welche Argumente ihre Fürsprecher haben bzw. wie sie sich selbst verteidigt. Lies den Text und antworte ihr mündlich auf Spanisch.

Diskussion um Popstar Rosalía: Die Gegner der Vermischung

Nirgendwo waren Medien und Publikum so vom plötzlichen Erfolg Rosalías überrascht wie in ihrer Heimat Spanien. Während die 26-jährige Sängerin aus der Provinz Barcelona in den USA unter anderem mit fünf Latino-Grammys und zwei MTV-Awards ausgezeichnet wurde, bleibt die Anerkennung ihrer Arbeit zu Hause weitgehend aus. Dort sieht sich Rosalía Vila Tobella – so ihr vollständiger Name – massiver Kritik ausgesetzt. [...] Internationaler Erfolg und heimische Kritik begannen mit dem unabhängig produzierten Album „El mal querer" und dem Video zum darauf enthaltenen ersten großen Hit „Malamente", der Ende 2018 die ersten zwei Latino-Grammys einbrachte. Die junge Frau aus einer Industriestadt unweit Barcelonas singt mit dem andalusischen Akzent Südspaniens. Sie klatscht Flamencorhythmen, greift Symbole aus Stierkampf und dem populären Religionsverständnis Andalusiens auf, kleidet sich wie die Jugend in den Vorstädten Sevillas und mischt das alles mit Rap und dessen Ästhetik. Ein Mix, der nicht allen gefällt.

Schmerzhafte Verspottung?

„Ihre Nachahmung der Symbole der Gitanos ist eine schmerzhafte Verspottung", sagt José Heredia, Soziologe und einer der wenigen Gitanos, der im spanischen akademischen Leben Ansehen genießt. Die bekannte Sängerin „La Mala Rodríguez" schließt sich der Kritik an: „Rosalía benutzt Dinge, die zur Identität des andalusischen Volkes und der Gitano-Community gehören. Aber die Identität kann man nicht fabrizieren." Der Vorwurf einer illegitimen „kulturellen Aneignung" steht seither im Raum. „Der Flamenco hat der Ethnie viel zu verdanken, aber die Musik hat keinen Besitzer", versucht Rosalía die Vorwürfe zu entkräften. Schließlich ist – das wird keiner, der sich mit der Musikgeschichte beschäftigt, ernsthaft bestreiten – der Flamenco das Ergebnis jahrhundertealter Mischung verschiedener Kulturen. Entstanden aus der Kultur der Gitanos, die einst aus Indien auf die Iberische Halbinsel kamen, sowie Elementen der jüdischen oder arabischen Folklore. Rosalía weiß dies. Sie, die „Paya" – wie die Gitanos alle nennen, die nicht zu ihrer Ethnie gehören –, hat mehrere Jahre an der Musikhochschule in Barcelona Flamenco studiert, um ihre Stimme und ihr Gefühl für die Rhythmen dort auszubilden. Doch ihre Kritiker wollen das nicht gelten lassen. „Den Flamenco richtig kennen, ist etwas, was man nicht an einer Akademie erlernt. Ich habe viele Jahre gebraucht, um die Stimmen meiner Vorfahren durch meinen Mund auszudrücken", sagt die Sängerin Mayte Martín.

Globalisierung und Internet

Rosalía hält dagegen: „Die musikalischen Schranken und die unterschiedlichen Genres sind längst so stark aufgelöst und vermischt, dass sie eigentlich nicht mehr existieren." Das sagte sie in einem Interview mit dem Magazin Billboard. „Ich glaube nicht, dass irgendjemand auf die Idee käme, Picasso der kulturellen Aneignung zu beschuldigen, weil er afrikanische Masken malte", fügt sie hinzu. Sie selbst komme „aus einer Generation, die mit der Globalisierung des Internets aufgewachsen ist". [...]

Freiheit der Kunst

Einer der wenigen Gitano-Musiker, die Rosalía in Schutz nehmen, ist José Miguel Carmona. Mit der Gruppe Ketama und ihrem Flamenco-Rock hat er in den 1980ern selbst Grenzen überschritten und mit Tabus gebrochen. Er sagt, durch Rosalía würde der Flamenco überhaupt wieder stärker wahrgenommen werden: „Sie lädt doch dazu ein, den klassischen Flamenco kennenzulernen." Er fordert Freiheit und Respekt für die Kunst. „Sie macht Musik, die ich sehr interessant finde und die ich sehr mag", sagt er. Doch sei sie „keine Flamenco-Sängerin".

Wandler, Reiner: Die Gegner der Vermischung. In: TAZ Verlags- und Vertriebs GmbH, 20.03.2020, https://taz.de/Diskussion-um-Popstar-Rosalia/!5669289/ [20.12.2021].

Gr
p. 20/9.5

13 ¿Qué sabes de Sevilla?

Nacho vive en Sevilla y está hablando de su ciudad en Buena Onda. Completa las frases con los verbos de las casillas en pasiva refleja.

celebrar construir hacer necesitar poder sacar subir ver visitar

1 Para visitar Sevilla ________________ un poco de tiempo porque hay muchas cosas que ver.

2 Además, en Sevilla ________________ muchas fiestas y festivales importantes.

3 En el río Guadalquivir ________________ paseos en barco muy bonitos.

4 Caminando al lado del río ________________ la famosa Torre del Oro.

5 En el centro de Sevilla ________________ visitar el Alcázar.

6 El Alcázar es una fortaleza que ________________ en el tiempo de los árabes. *(pretérito indefinido)*

7 ¿Conocéis la Giralda? Es uno de los monumentos que más ________________.

8 A veces la gente me pregunta cómo ________________ a la torre porque desde arriba hay unas vistas muy bonitas sobre la ciudad.

9 En internet podéis ver que ________________ muchas fotos espectaculares desde la Giralda.

14 En una tetería

Dos amigos alemanes están de vacaciones en Granada. Completa el diálogo con la pasiva refleja y con otras palabras que faltan.

El país y la gente

Una tetería o casa de té es un lugar donde puedes tomar té (normalmente se hace en el lugar) acompañado de dulces típicos. Suelen ser sitios muy tranquilos y acogedores donde también puedes relajarte con música típica. En Granada hay muchas teterías árabes.

CAMARERO: (1) ________________ noches, chicos. Entrad, aquí (2) ________________ (comer) muy bien. Tenemos muchos platos diferentes. Y claro, (3) ________________ (tomar) acompañados por un buen té.

TOBIAS: Muchas (4) ________________. *Entschuldigung, sprechen Sie Deutsch?*

CAMARERO: ¿Cómo? Perdón, no entiendo (5) ________________. Aquí solo (6) ________________ (hablar) castellano.

MAREIKE: Tranquilo, no hay (7) ________________. Yo hablo un poco de español.

CAMARERO: ¡Qué suerte! ¿(8) ________________ vais a tomar?

MAREIKE: Dos cafés, por favor. Una pregunta, ¿aquí (9) ________________ (vender) botellas de agua para llevar? Es que (10) ________________ tanto calor …

CAMARERO: Sí, claro. Y ¿necesitáis (11) ________________ más? También (12) ________________ (alquilar) habitaciones encima del restaurante, ¿o tenéis ya hotel?

MAREIKE: Gracias, ya tenemos.

CAMARERO: Perfecto. Un consejo, podéis subir al piso de arriba. Desde ahí (13) ________________ (disfrutar) de una vista espectacular de la ciudad.

MAREIKE: ¡Muchas gracias! Tengo otra pregunta, ¿dónde (14) ________________ (comprar) las entradas (15) ________________ visitar la Alhambra?

CAMARERO: Espera, primero os traigo el café y (16) ________________ os cuento.

15 ¿Adónde vamos y qué tomamos?

a **Celia está en Granada. Escucha el diálogo y marca las frases correctas.**

Celia y Alejandro ...

- a hablan de los monumentos que han visitado hoy.
- b van a tomar algo.
- c quieren descansar porque acaban de visitar la ciudad.
- d hacen planes para la tarde.
- e discuten por la comida.

b **Escucha otra vez el diálogo y rellena la tabla.**

	tetería Kasbah	tetería Oriental	tetería Alfaguara
1 ¿Dónde está?			
2 ¿Cómo es?			
3 ¿Tiene comida árabe?			
4 ¿Ale ya ha estado allí? ¿Con quién?			

16 Un debate en Buena Onda

Lee otra vez el texto 13 de la página 53 del libro y contesta a las preguntas.

1 ¿Por qué tiene la región de Almería el nombre "mar de plástico"?

____

____

2 ¿Quiénes son los invitados al programa de hoy y dónde trabajan?

____

____

3 ¿Cuál es la opinión de muchos radioyentes antes de escuchar el programa?

____

____

4 ¿Por qué son los invernaderos un buen ejemplo de una agricultura sostenible?

____

____

5 ¿Cuáles son las consecuencias negativas de los invernaderos?

____

____

17 Hablamos sobre el mar de plástico

a Escribe para cada palabra otra de la misma familia.

1 el producto – ______________________
2 el trabajo – ______________________
3 los invernaderos – ______________________
4 los cultivos – ______________________
5 saludable – ______________________
6 alternativo – ______________________

b Explica los adjetivos escribiendo una definición, un ejemplo, un sinónimo (=) o un antónimo (≠).

árido inmenso grave rentable

____
____
____
____
____

18 A corregir

Henri, un fan alemán de Buena Onda, pasó una semana de intercambio en Andalucía. Para el foro de Buena Onda ha escrito un texto sobre una excursión al Parque Nacional Coto de Doñana. Corrige los errores y escribe las palabras correctas en las líneas.

Al tercero día hicimos una excursión al Parque Nacional Coto de Doñana. ______
Fuimos en autobús a El Rocío, un pueblo pequeño y famoso para ver la Romería ______
de Rocío[1] que se celebran todos los años el mes de mayo. Allí empieza la ruta ______
por una de las más bonitas zonas del Parque Nacional. Después de ir a pie ______
unos kilómetros, llegamos a un lugar dónde pudimos ver muchos pájaros[2] ______
diferentes y yo sacé muchos fotos. Luego visitamos el Centro de Visitantes. ______
Allí un guía nos contó la historia del parque. Aprendimos mucho sobre las ______
diferentes plantas y los animales. Para mi, el lince ibérico[3] es el animal más ______
interesante. Al final, veíamos una película sobre el parque. ______

19 El problema del agua

p. 144/9a

a En parejas mirad las fotos y describidlas. ¿En qué pensáis cuando miráis las fotos? El vocabulario de la página 88 os puede ayudar.

b ¿Para qué usáis el agua? ¿Y cómo se puede ahorrar agua? Haced dos listas y presentadlas en clase.

1 **la Romería de Rocío** christliches Fest zu Ehren der Jungfrau von El Rocío | 2 **el pájaro** der Vogel | 3 **el lince ibérico** der iberische Luchs

20 Un poema de Federico García Lorca

Arbolé, arbolé
seco y verdé[1].

La niña del bello rostro
está cogiendo aceituna.
El viento, galán de torres,
la prende por la cintura.
Pasaron cuatro jinetes
sobre jacas andaluzas
con trajes de azul y verde,
con largas capas oscuras.
«Vente a Córdoba, muchacha».
La niña no los escucha.
Pasaron tres torerillos
delgaditos de cintura,
con trajes color naranja
y espadas de plata antigua.
"Vente a Sevilla, muchacha".
La niña no los escucha.
Cuando la tarde se puso
morada, con luz difusa,
pasó un joven que llevaba
rosas y mirtos de luna.
"Vente a Granada, muchacha".
Y la niña no lo escucha.
La niña del bello rostro
sigue cogiendo aceituna,
con el brazo gris del viento
ceñido por la cintura.

Arbolé arbolé
seco y verdé.

El país y la gente

Federico García Lorca (1898-1926) fue un músico y poeta andaluz que formó parte de la "Generación del 27", un grupo de autores y artistas importantes del siglo XX. En sus poemas, Lorca escribe (entre otros temas) sobre la identidad de Andalucía, sobre sus colores, las luces y la naturaleza. A pesar de su vida tan corta, pudo viajar a muchos países antes de ser asesinado por el bando franquista por sus creencias políticas y por ser homosexual. En la actualidad, Federico García Lorca es uno de los poetas españoles más leídos de todos los tiempos.

el rostro *la cara* | **prender** *coger* | **la cintura** die Taille | **el jinete** der Reiter | **la jaca** *el caballo* | **la capa** der Umhang | **oscuro/-a** dunkel | **el torero** der Stierkämpfer | **la espada** das Schwert | **el mirto** die Myrte (Strauch) | **ceñir** umlegen

p. 134/3.3c

a **Lee "El país y la gente" y el poema de Federico García Lorca. Marca las palabras clave en el texto. Después compara con tu compañero/-a. ¿Cuál es el tema del poema?**

b **Escucha el poema y describe su estructura. ¿Cuántas estrofas tiene? ¿Cuál es el estribillo? ¿Cuántas sílabas tienen los versos?**

c **Analiza a los protagonistas del poema rellenando la tabla. Escribe también en qué línea(s) encuentras la información.**

	¿Cómo es/son? ¿Qué hace/n?	línea/s
la niña		
el viento		
los jinetes		
los toreros		
el joven		

d **Elige una actividad.**

1 ¿Cómo termina el poema? ¿Por qué crees que no acompaña la niña a los jinetes, a los toreros o al joven a la ciudad? ¿Qué relación tienen el viento y la niña?
2 Fíjate en los colores que usa Lorca en su poema. ¿En qué te hacen pensar? ¿Qué función tienen?

1 Lorca imitiert hier den andalusischen Akzent und die Sprechweise, daher schreibt er „arbolé" anstatt „árboles" und „verdé" anstatt „verdes".

¿En qué mundo quieres vivir?

1 Tierra

a Lee la letra de la canción "Tierra" de Bomba Estéreo y complétala con las palabras de las casillas.

bosque corazón mar mejor oro perdón selva sol tengo tiempo tierra vivir

Nos quitaron el (1) ________________, nos quitaron el cielo
Vendieron por nada, se nos acabó
Nos quitaron el viento, quemaron la (2) ________________
Vendieron la' tierra', apagaron el (3) ________________
Se llevaron el agua, secaron lo' río'
Dejaron vacíos lo' monte' por carbón
Surcaron las manos y estamos parado'
En medio del (4) ______________, viendo su extinción
Ay, sí, que me lleven ahora
Ay, sí, que tengo que decir

Se secaron lo' lago', extinguieron las sierras
Apagaron la' luce', pidieron (5) ________________
Explotaron las minas, llevaron el (6) ______________
Volvieron por má' pero ya se acabó
El pulmón de la tierra, el (7) ______________ del mundo
Una patria dormida que ya despertó
Nos queda la sonrisa, escribir nuestra historia
Puede ser distinta, puede ser (8) ________________

Pero no nos quitaron el sueño
De (9) ______________ en un país mejor *(Vamos a bailar)*
Pero no, nos quitaron el (10) ________________
Pa' entender y enmendar el error
Ay sí, que me lleven ahora
Ay, sí, que (11) ________________ que decir
La tierra no se vende y se compra
Mi (12) ________________ es para compartir (...)

El país y la gente

Bomba Estéreo es un grupo musical colombiano formado por cinco músicos que fusiona la música electrónica, el rock, el reggae, el reguetón y el trap. En sus canciones también se pueden escuchar ritmos caribeños como la cumbia. Bomba Estéreo es uno de los grupos colombianos más conocidos nacional e internacionalmente. Han sido nominados a varios premios.

el cuelo der Himmel | **acabar** *terminar* | **secar** vertrocknen | **vacío/-a** leer | **surcar** durchziehen
quitar wegnehmen | **el carbón** die Kohle | **la extinción** das Aussterben | **el pulmón** die Lunge
la sonrisa das Lächeln | **distinto/-a** *diferente* | **enmendar** *hier:* wieder gut machen

b Escucha la canción y comprueba si has completado la letra correctamente.

c ¿Cuál es el tema de la canción? ¿La canción transmite un mensaje positivo o negativo? Discutid en clase.

d ¿Qué verso es para ti el más importante o más fuerte? Elige uno y explica por qué lo has elegido.

p. 144/8.2e

2 Ideas para proteger el medio ambiente

Algunos radioyentes de Buena Onda escriben en el foro qué hacen para proteger el medio ambiente. Completa las frases con las palabras que faltan.

1 Para evitar la ________________________ del aire mi familia y yo viajamos ____________ tren.

2 He cambiado algunas costumbres de mi día a __________ y he llegado a reducir la ______________ de plástico.

3 Para mí es importante cuidar el medio ____________________ para ____________ todos podamos disfrutar ____________ la naturaleza.

Das Lied wird aus rechtlichen Gründen nicht als Download angeboten. Es befindet sich auf der CD/BiBox für Lehrkräfte.

4 En Alemania el tema del ______________________ funciona bastante bien porque __________ gente tiene un cubo diferente para cada tipo de basura.

5 Compramos productos _________________________ porque __________________ muy ricos y no vienen de muy lejos.

6 El ayuntamiento propone usar más la bici y el transporte público para reducir ________________________ en la ciudad.

p. 132/3.1

3 Un tema importante

Lee otra vez el texto 3 de la página 66 del libro y marca con una cruz si las frases son verdaderas, falsas o si la información no está en el texto.

	v	f	no está
1 Los locutores de Buena Onda escriben de sus experiencias con proyectos ecológicos.			
2 A la familia de *Rafa16* le gustan mucho los regalos que él le da.			
3 *PilAr* escribe que la gente compra demasiadas cosas y que el reciclaje es muy importante.			
4 A *Yocanto* le interesan las ideas de los otros radioyentes.			
5 Según *2amigas* se necesita mucho tiempo libre si uno quiere colaborar con una ONG.			
6 *Fran2014* y *Yocanto* viven en la misma ciudad.			
7 El próximo miércoles *Fran2014* va a reunirse con la ONG “Amigos de la Tierra“.			

Gr p. 11/8.10.2

4 La fiesta de Julieta

a Julieta, una radioyente de México, escribe en el foro sobre su fiesta de disfraces[1]. Completa el texto con los verbos en imperfecto de subjuntivo.

cumplir haber invitar obligar poder tener venir vestirse

Siempre he querido hacer una gran fiesta de disfraces por mi cumpleaños y ... ¿saben qué? ¡Por fin ha llegado el día! Quiero que esta fiesta sea respetuosa con el medio ambiente. Mis invitados deberán hacer sus disfraces con materiales reciclados, ¡no pueden comprar nada! ¿A que es una buena idea? Me gustaría que toda mi familia (1) ________________________ a la fiesta. Mi madre me aconsejó que no (2) ________________________ a tantas personas, pero no quiero perderme la oportunidad de que mi abuelo (3) ______________________ de payaso, ¡qué risa! Ella tampoco quería que (4) ________________________ a todos a disfrazarse, pero es mi fiesta de cumpleaños. ¡Si no (5) ______________________ 18 años no sería tan importante! Estaría genial que alguien (6) _____________________ repartir[2] la comida, me gustaría que de comer (7) ____________________ tacos al pastor y sopa de lima, ufff ¡qué rico! Si (8) ________________________ más tiempo, yo misma haría los disfraces para todos, pero creo que no podrá ser ...

b En clase escribid las formas del imperfecto de subjuntivo en la tabla de la página 78.

1 **el disfraz** die Verkleidung | 2 **repartir** austeilen

5 Después de la fiesta

En parejas haced el ejercicio tándem de la página 73.

Gr
p. 13/8.11

6 Ojalá

El idioma

Según la probabilidad de que se cumpla el deseo, se utiliza **ojalá** + presente de subjuntivo *(= probable)* o **ojalá** + imperfecto de subjuntivo *(= muy improbable)*.

a A Alejandro le gusta ayudar en el jardín de su abuelo. Primero lee “El idioma“. Después mira las imágenes y completa las frases con el verbo adecuado en presente o en imperfecto de subjuntivo. Presenta tus ideas a tu compañero/-a y justifica el uso del subjuntivo en cada caso.

b Escribe cuatro deseos con *ojalá*, dos con presente de subjuntivo y dos con imperfecto de subjuntivo.

____

____

7 Vivir sin producir basura

a Una amiga de Iker habla sobre su vida sin producir basura. Escucha el pódcast y completa las frases.

1 Laura decidió vivir sin basura porque un día, mientras ____________, se dio cuenta de que ____________

____

2 Laura compra sus alimentos en ____________, donde los productos ____________

____________. Para eso lleva sus propias ____________ y pone la comida dentro de ellas en las tiendas.

3 Laura vendió muchas de sus cosas porque ____________

b Escucha otra vez y contesta a las preguntas en pocas palabras.

1 ¿Por qué Laura ya no compra productos para limpiar la casa ni para el baño?

____

____

2 ¿Por qué piensa Laura que su vida sin basura es mejor? Da tres razones.

____

____

c Y tú, ¿crees que es posible vivir sin producir basura? ¿Por qué (no)? ¿Qué cosas tendríais que cambiar en vuestra vida diaria para producir menos basura? Hablad en grupos y después presentad vuestras ideas en clase.

p. 139/6e

d ¿Te gustaría vivir sin producir basura o piensas que no es posible? Escribe un comentario de unas 60 palabras para el pódcast de Laura explicándole tu opinión. Si tienes dudas sobre aspectos en su vida diaria, puedes preguntárselas y, si tienes buenas ideas, puedes contárselas también.

____

____

____

____

____

____

____

8 ¿Eres un/a consumidor/a responsable?

a Lee las preguntas y haz el test. También puedes escribir una respuesta individual.

1 Estás en una tienda de ropa y todo es muy barato. ¿Qué piensas?
a) Voy a aprovechar para comprar unos pantalones que necesito.
b) ¡Esta tienda es genial! Siempre voy a venir de compras aquí.
c) Qué precios tan baratos ... ¿por qué será?
d) ______________________

2 Haces una excursión con tu colegio. ¿Cómo llevas tu comida?
a) Uso papel de aluminio o una bolsa de plástico.
b) La pongo en un táper[1].
c) No llevo nada. Voy a comprarme comida rápida.
d) ______________________

3 Estás en la calle comiendo un chicle. Quieres tirarlo, pero no hay papeleras. ¿Qué haces?
a) Pongo mi chicle en un papel y lo meto en mi bolsillo.
b) Miro si alguien me ve. Si no hay nadie, lo tiro al suelo y me voy.
c) Camino un poco más pero si no veo ninguna papelera cerca, lo tiro al suelo. No es mi problema.
d) ______________________

4 Mañana sale un nuevo móvil y tienes dinero suficiente para comprarlo. ¿Qué haces?
a) Duermo delante de la tienda para ser uno de los primeros en comprarlo.
b) No me interesa, ya tengo móvil.
c) Espero unos meses y me lo compro de segunda mano.
d) ______________________

5 Te apetece un yogur. En la nevera quedan dos, uno ya está caducado[2]. ¿Qué haces?
a) Como el yogur nuevo y tiro el caducado a la basura.
b) Pruebo el yogur caducado y, si todavía está bien, lo como.
c) Dejo el yogur caducado en la nevera para que lo coman mis padres.
d) ______________________

6 Has comido un montón pero todavía queda algo en el plato, ¿qué haces?
a) Lo termino todo igualmente.
b) Lo tiro a la basura.
c) Meto la comida en un táper para mañana.
d) ______________________

b En parejas discutid vuestro resultado. ¿Cuáles serían las respuestas de un/a consumidor/a responsable y cuáles serían las de un/a consumidor/a irresponsable? Y vosotros/-as, ¿sois consumidores/-as responsables o no?

1 **el táper** die Tupperdose | 2 **caducar** verfallen, ablaufen

p. 132/3.1

9 El “ecosurf“ en el Perú

Lee otra vez el texto 7 de la página 69 del libro y marca con una cruz las 8 frases correctas.

1 Por primera vez en la playa La Estrella ...

- a se reunieron muchos surfistas.
- b se realizó un proyecto ecológico.
- c se recogieron las botellas de la playa para tirarlas a la basura.

2 Las botellas de plástico ...

- a las recogen los voluntarios de un proyecto ecológico.
- b son recogidas por niños.
- c se recogen de las playas.

3 Con proyectos como el “ecosurf“ se quiere que ...

- a el surf sea más famoso en el Perú.
- b la gente no use botellas de plástico.
- c la gente respete más el medio ambiente.

4 Un voluntario del proyecto dice que las tablas ecológicas ...

- a son más baratas que las normales.
- b no cuestan nada.
- c cuestan más que las tablas normales.

5 En el Perú ...

- a actualmente mucha gente se interesa por el surf.
- b a la gente no le gusta hacer surf.
- c hay varios campeones mundiales de surf.

6 Las tablas ecológicas ...

- a se pueden usar solamente una vez.
- b se pueden usar durante varios años.
- c pueden ser usadas en clases de surf para niños.

10 Los sustantivos

**a Mira los dibujos y escribe las palabras como en el ejemplo.
Después compara con sus traducciones en alemán. ¿Qué te llama la atención?**

el número

el teléfono

el número de teléfono

b Forma palabras combinando los sustantivos de las dos casillas y escríbelas como en el ejemplo.

botella	reciclaje
despilfarro	segunda mano
sistema	comida
tabla	vidrio
ropa	surf
contenedor	plástico

la botella de plástico,

p. 130/1.3

c ¿Cómo se dicen las palabras *Sommerferien, Lesebuch, Strandhaus* y *Fruchteis* en español? Escribe las palabras y comprueba con un diccionario.

d En los ejercicios a) y b) has visto que puedes usar dos sustantivos para especificar el significado del primer sustantivo. También puedes combinar un sustantivo con un adjetivo para crear un significado más detallado. Mira las palabras de las casillas y busca para cada sustantivo un adjetivo. Después escribe en la tabla el sustantivo nuevo y la traducción alemana. Al final comprueba tus traducciones con un diccionario.

el albergue el cambio la campeona el centro el examen ~~la habitación~~ el parque el tiempo

climático comercial final ~~individual~~ juvenil libre mundial nacional

sustantivo	traducción alemana
la habitación individual	*das Einzelzimmer*

p. 146/10

11 Entre idiomas

Du möchtest einer Freundin aus Spanien den Dokumentarfilm „Aufschrei der Jugend" empfehlen. Schreibe ihr eine E-Mail (ca. 80 Wörter) und erkläre ihr auf Grundlage dieses Interviews mit der Regisseurin, worum es in dem Film geht und wie die Regisseurin die Protagonisten charakterisiert. Erläutere außerdem, aus welcher Motivation heraus sie handeln.

Frau Pitterling, Sie haben eine Doku über *Fridays for Future* gemacht. Sie haben etwa zehn Protagonisten begleitet. Wie haben Sie die gefunden?
Kathrin Pitterling: Das war sehr spontan und insofern auch sehr authentisch. Mitunter wird für solche Filme ja auch gecastet. Aber ich wollte erst einmal ohne Kamerateam wissen, was das für Menschen sind. Da saß ich dann direkt neben einer Gruppe von jungen Leuten, bei denen ich das Gefühl hatte, die kennen sich trotz ihres unterschiedlichen Alters schon ewig - dabei hatten sie sich gerade erst getroffen. Sie sprachen auf eine Art und Weise miteinander, die unglaublich vertraut und themenorientiert war. Diese Gruppe, unter anderem waren Willi, Paul und Elias dabei, sprach ich an und sagte, dass ich vielleicht Interesse hätte, sie filmisch zu begleiten. Und tatsächlich sind das auch die Menschen, die jetzt in der Doku zu sehen sind.

Wie lange haben Sie die jungen Menschen dann begleitet?
Wir haben im Februar 2019 angefangen und haben bis Ende September 2020 gedreht.

Haben Sie sich absichtlich nicht auf die bekannteren Gesichter wie Luisa Neubauer oder Greta Thunberg fokussiert?
Ja, denn ich wollte wirklich tiefer in die Bewegung eintauchen. Ich wollte die Menschen kennenlernen und begleiten, die jede Woche die Freitagsdemo auf die Beine gestellt haben – und die ganzen anderen Aktionen drumherum.

Rein äußerlich sind das sehr unterschiedliche junge Menschen. Ganz junge Schüler sind darunter und schon ältere, sehr versiert wirkende, Studenten. Was eint sie? Angst um ihre Zukunft oder doch Schulunlust – wie oft unterstellt?
Schulunlust ist das, was ich überhaupt nicht erlebt habe. Im Gegenteil. Von Famke, einer der Protagonistinnen, habe ich viele Videos, wo wir abends zwischen 23 und 24 Uhr sprechen und sie mir erzählt, dass sie nun erst zum Lernen für ihren MSA kommt. Da kam sie gerade von mehreren Plenumsbesuchen, von denen sie den einen auch noch geleitet und vorbereitet hatte, nach Hause. Die jungen Menschen, mit denen ich zu tun hatte, haben mit aller Kraft versucht, alles auf die Beine und unter einen Hut zu kriegen. Die Motivation liegt im Begreifen, dass sie etwas tun müssen, um für sich und für ihre späteren Kinder – und ich finde es wirklich berührend, dass sie von ihren Kindern sprechen, die sie vielleicht mal haben möchten – eine Zukunft zu schaffen, in der sie noch leben können. Deshalb engagieren sie sich in diesem Ausmaß.

Den jungen Leuten schlägt viel Hass und Ablehnung entgegen. Was macht das mit ihnen?
Der Hass verunsichert zutiefst. Aber mit dem kann man fast noch leben, wenn man sieht, dass das Sinn macht, was man tut. Doch es macht unheimlich viel mit ihnen, dass sie nicht gehört werden. Begreifen zu müssen, dass sie trotz des Einsatzes mit ihrer ganzen Kraft politisch nicht das erreichen konnten, was sie schaffen wollten – nämlich, dass Deutschland versucht, das 1,5 Grad Klimaziel vom Pariser Klimaabkommen einzuhalten – hat sie immens erschöpft und deprimiert. Ich habe in der Zeit, in der der Film entstanden ist, unglaublich viele Menschen kommen und gehen sehen, die sich, soweit sie die Kraft dafür hatten, eine gewisse Zeit engagiert haben und dann wieder zurückgegangen sind in ihr normales Leben. Aber es gibt auch Protagonisten, und einige davon sind auch im Film, die heute noch dabei sind. [...]

Gab es bei den Dreharbeiten irgend etwas, was Sie besonders berührt oder überrascht hat?
Bei der letzten Demo am 25. September – das war ein absolut mieser und regnerischer Tag – kam ich an und wusste, viele der jungen Menschen waren schon seit 5 Uhr in den Morgenstunden vor Ort. Als ich dann kam, sah ich ein Mädchen, das trotz des Regens, immer noch auf die durchnässte Straße des 17. Juni Punkte aus Mehl als Abstandsmarker malte. Obwohl das immer wieder verlief, hat sie das unermüdlich weitergemacht. Das war ein unheimlich starkes Bild für die Menschen, die diese Bewegung vorantreiben.

Über die Sisyphoskräfte der Fridays for Future, In: rbb24, Berlin. 18.11.2020. https://www.rbb24.de/panorama/beitrag/2020/11/aufschrei-der-jugend-film-fff-fridays-for-future-pitterling.html [15.10.2021]

Gr
p. 19/9.4

12 ¿Qué pasaría si ...?

a Forma frases condicionales con sentido usando un elemento de cada casilla. Conjuga los verbos de la forma adecuada.

1 todos *preocuparnos* por nuestro planeta
2 la gente *usar* menos el coche
3 los institutos *dar* más información a los estudiantes
4 (tú) *leer* artículos sobre el cuidado del medio ambiente
5 (vosotros) *saber* cuánta basura se tira en el mar
6 todos nosotros *hacer* más excursiones a la montaña

A *existir* muchos menos problemas
B *poder* informar a tu familia sobre qué actividades son dañinas
C *haber* menos contaminación en las ciudades
D la gente joven *cuidar* más el medio ambiente
E no *decir* que no es un problema
F *aprender* a respetar la naturaleza

b Completa estas frases condicionales irreales.

1 Si en mi ciudad organizaran un proyecto como "ecosurf", yo ____________________

2 Si todos recicláramos, ____________________

3 La gente no tiraría basura en el mar si ____________________

4 Si viajar en avión no contaminara tanto, mi familia y yo ____________________

5 ¿Usarías una eco-tabla si ____________________

6 Si vinieras conmigo al taller sobre ecologismo, ____________________

13 La reunión de locutores

Cada mes los locutores de Madrid quedan para hablar del programa. Completa el diálogo con *por* o *para*, con los verbos en el tiempo verbal correcto y con las palabras que faltan.

BUENA ONDA

RAQUEL: Hola, Isabel, ¡gracias (1) __________ venir! Nos encanta que (2) __________ (estar/tú) con nosotros hoy. Siempre necesitamos gente nueva.

ISABEL: Hola! Sí, gracias, estoy aquí (3) __________ primera vez. A ver, esta semana vamos a hablar de cómo reciclamos (4) __________ proteger el medio ambiente, ¿verdad? (5) __________ encanta el tema.

JULIO: Sí, vamos a dar algunas ideas (6) __________ evitar basura y también les (7) __________ (preguntar) a nuestros radioyentes (8) __________ su consumo de ropa.

ISABEL: Es una buena (9) __________. Mirad, ayer (10) __________ (comprar/yo) esta sudadera en una tienda de segunda mano (11) __________ solo 10 euros.

RAQUEL: ¡(12) __________ bonita! ¿Me das la dirección de la tienda, (13) __________ favor?

ISABEL: Sí, claro. Luego te (14) __________ paso. (15) __________ mí cuidar el medio ambiente es muy importante, (16) __________ eso solo compro ropa sostenible.

RAQUEL: Genial. A (17) __________ mejor puedes (18) __________ (preparar) una entrevista con jóvenes sobre el tema (19) __________ la semana que viene.

CELIA: Chicos, mañana (20) __________ la tarde Iker hace (21) __________ programa sobre el plástico en el mar. Ya nos (22) __________ (enviar/él) información (23) __________ e-mail.

JULIO: ¡Qué interesante! La verdad es (24) __________ es una lástima que (25) __________ (haber) tanto plástico (26) __________ las playas y los mares.

14 A tu manera

Elige una actividad.

1 Busca información en internet sobre jóvenes que cuidan/luchan por el medio ambiente en España y Latinoamérica. Elige a una persona de las casillas y preséntala en clase explicando qué hace y qué te parece.

Lucas Barrero (España) | Helena Gualinga (Ecuador) | María Laín (España)
Laura Reboul (España) | Luis Recalde (Paraguay) | "La Sustentófila" (México)

2 Elige a un/a compañero/-a y hazle una entrevista sobre ecologismo. Puedes preguntarle qué hace para ayudar a proteger el medio ambiente, si piensa que es importante y qué costumbres cambiaría en su lugar de trabajo o instituto. Presentad la entrevista en clase.
3 En vuestro instituto queréis hacer una fiesta con comida reciclada. En grupos pequeños, pensad en el plan para organizarla: dónde vais a conseguir los alimentos, cómo vais a cocinarlos, cómo vais a anunciar la fiesta para que vaya mucha gente y qué vais a hacer con el dinero que ganéis con la fiesta.

15 A debatir

a En parejas completad la casilla con expresiones útiles para discutir. Después comparad en clase.

El idioma

Así puedo dar mi opinión:

____

____

Así puedo preguntar a alguien su opinión:

____

____

Así puedo decir que estoy de acuerdo con algo/alguien:

____

____

Así puedo decir que no estoy de acuerdo con algo/alguien:

____

____

b En parejas elegid una de estas situaciones. Uno/-a de vosotros/-as prepara argumentos a favor y la otra persona en contra. Después haced un pequeño debate.

1 Han abierto en vuestra ciudad una nueva tienda de ropa. La ropa es muy barata, pero se dice que las condiciones de los trabajadores que la hacen son malísimas. ¿Compraríais allí?
2 Vais a hacer un viaje a España con vuestra clase y todavía no sabéis si ir en avión, tren o autobús. Hay aspectos económicos y ecológicos además de la duración del viaje. Discutid cómo vais a ir y poneos de acuerdo.
3 En una fiesta del instituto no queréis usar envases de plástico. ¿Es buena idea que cada uno traiga su propio vaso, plato, etc.?

1 Palabras

una palabra correcta = 0,5 puntos ☐ de 6

Forma doce sustantivos con un elemento de cada casilla y escríbelos con el artículo correspondiente.

alimenta- asocia- contamina- contene- expan- expre- recicl- segui- sender- son- trabaja- visualiza-

\+

-aje -ción -dor -ido -ismo -sión

2 Hablar

Decide con un/a compañero/-a cuántos de los 6 puntos recibes. Valorad el uso del idioma (= 3 puntos) y el contenido (= 3 puntos). ☐ de 6

Tu compañero/-a y tú estáis de vacaciones en Andalucía. Mañana es vuestro último día y estáis decidiendo qué hacer. Estas son las actividades que habéis propuesto. Comentad qué prefiere hacer cada uno/-a y por qué. Después decidid el programa para mañana.

excursión por la playa a caballo en Huelva

visitar el Parque Nacional de Doñana

comer tapas en el barrio de Triana, Sevilla

ir de compras a Puerto Banús en Marbella

3 Gramática

1 frase correcta = 1 punto ☐ de 6

Alejandro habla con Celia. Él piensa en cómo sería su vida si no viviera en Andalucía. Escribe seis frases condicionales irreales con sentido.

1 Si no *(vivir)* en Granada,
2 Si no *(ser)* de Granada,
3 *(poder/nosotros)* visitar otras ciudades
4 Si no *(conocer)* Andalucía,
5 ¿Qué *(hacer)* tú
6 ¿*(volver/tú)* otra vez a Granada

A no *(poder)* hablar en Buena Onda de ella.
B si *(vivir)* más cerca de Andalucía?
C si tus padres *(ir)* contigo?
D si *(volver/tú)* el año que viene.
E no *(conocer)* tanto de la cultura árabe.
F no *(ser)* locutor de Buena Onda.

4 Escuchar

una respuesta correcta = 1 punto ☐ de 10

a **Alejandro y Celia hablan sobre la biografía de Paco de Lucía, al que muchos consideran el mejor guitarrista flamenco de la historia. Van a hablar sobre él en el siguiente programa de Buena Onda. Escucha el diálogo y apunta lo que pasó en los siguientes años.**

1947: ____________________

1962: ____________________

1973: ____________________

2014: ____________________

b **Escucha otra vez y marca con una cruz las frases correctas.**

1 Paco de Lucía ...
- a no es su nombre real.
- b es su nombre real.
- c es como le llamaban sus amigos.

2 Paco de Lucía empezó a ser famoso ...
- a por su hermano mayor.
- b gracias a su padre.
- c cuando salió el disco *Fuente y Caudal*.

3 Este músico es importante porque ...
- a grabó[1] 8 discos en total.
- b hizo más moderno el flamenco.
- c su música es muy tradicional.

4 Actualmente, Paco de Lucía ...
- a sigue dando conciertos en todo el mundo.
- b es reconocido como una figura de gran importancia.
- c ya no se dedica a la música desde 2014.

c **Completa las frases.**

1 Paco de Lucía nació en ____________, pero pasó gran parte de su vida en ____________.

2 En su primer disco tocó con ____________________.

5 Escribir

Decide con un/a compañero/-a cuántos de los 6 puntos recibes. Valorad el uso del idioma (= 3 puntos) y el contenido (= 3 puntos). ☐ de 6

¿Cómo sería un mundo perfecto para ti? ¿Qué habría y qué no habría? Escribe un texto de unas 80 palabras sobre ese tema en tu cuaderno. Puedes empezar así: *En un mundo perfecto no habría ..., la gente tendría ...*

6 Leer

a **Buena Onda presenta en su página web el proyecto ecológico *Coge 3*. Lee el artículo de la página siguiente y elige el título más adecuado.**

título correcto = 1 punto ☐ de 1

- ☐ *Coge 3* y su lucha contra el plástico en las costas
- ☐ *Coge 3* y los viernes sin plástico
- ☐ ONG ecologistas en redes sociales
- ☐ Una ONG que lucha contra el cambio climático

[1] **grabar** aufnehmen

La ONG española *Coge 3* nació de forma natural dentro de un grupo de amigos preocupados por el medio ambiente. Su objetivo es proteger el mar del que –según ellos– es el peor enemigo de la naturaleza: el plástico.

Decidieron llamar a la ONG así porque desean que cada persona que vaya a un lugar natural (un bosque, una playa, un río...) recoja del suelo tres piezas de basura. Opinan que las cosas mejorarían muchísimo si todos hiciéramos algo tan fácil como eso.

Son muy activos en redes sociales y promueven varias iniciativas para que cada vez más gente participe en la protección del medio ambiente. Son conocidos, por ejemplo, por sus acciones en las playas y costas, en las que participan vecinos de la zona. También realizan charlas y talleres en colegios, ya que piensan que la educación medioambiental en las aulas españolas es insuficiente.

Además, hace algún tiempo realizaron un viaje en bicicleta por el norte de la Península Ibérica y pararon en las escuelas de surf para hacer talleres informativos sobre la protección del mar. Durante su viaje se dieron cuenta de que la mayoría de los plásticos son envases de un solo uso. Y de esta manera nació la idea de su nuevo proyecto: "Los viernes sin plástico". *Coge 3* busca que, al menos una vez a la semana, la gente deje de usar plásticos y productos empaquetados. Opinan que así no solo se ayuda al medio ambiente sino que también mejorarán las costumbres y la salud de las personas.

Esta ONG ecologista pide que todas las personas que sigan sus consejos se saquen una foto y la suban a las redes sociales, para que la vea mucha gente y cada vez sean más personas las que participen en sus iniciativas.

b Lee otra vez el artículo y completa las frases.

una frase correcta = 1 punto ___ de 4

1 La ONG *Coge 3* quiere ____________________

2 Según la ONG, se llama así porque ____________________

3 La idea para el proyecto "Los viernes sin plástico" nació ____________________

____

4 Este proyecto trata de que ____________________

c Contesta a las preguntas.

una respuesta correcta = 1 punto ___ de 2

1 ¿Qué acciones y talleres han realizado hasta ahora?

____

____

2 ¿Por qué es importante para *Coge 3* que la gente participe en las redes sociales?

____

____

Evaluación ___ de 41

0 … 41

¡Ánimo! Los consejos te van a ayudar. ¡Seguro que puedes hacerlo mejor! ¡Muy bien! Sigue así.

Consejos para mejorar

palabras	Repasa el vocabulario de las *Unidades* 3 y 4. Lee también el punto 1d de las páginas 129 y 130 de las estrategias para repasar la formación de palabras con sufijos.
hablar	Antes de hablar, prepara algunos argumentos. También puedes mirar el vocabulario en las estrategias (p. 141). Después, escucha lo que dice tu compañero/-a y reacciona.
gramática	Si tienes problemas con las frases condicionales irreales, repasa el imperfecto de subjuntivo y el condicional simple. Después lee otra vez la información sobre las frases condicionales irreales en la gramática (p. 19).
escuchar	En primer lugar lee las frases para saber qué información del audio te interesa. Por ejemplo, tienes que prestar atención a las fechas para el ejercicio a). Si quieres leer más consejos sobre este tema, busca en la página 135 de las estrategias.
escribir	Antes de escribir, junta algunas ideas. Piensa en los temas que se explican en la *Unidad* 4 y en los temas que habéis comentado en clase. En la página 136 de las estrategias (6a) hay más consejos para escribir. Después, corrige tu texto con la ayuda de la información de la página 139 de las estrategias.
leer	Primero lee con atención los títulos. Lee el texto, decide de qué trata y elige el título más adecuado. Después lee las frases y marca las palabras clave. Busca en el texto las ideas relacionadas con las palabras clave. Al final completa las frases y contesta a las preguntas.

Conocemos el Perú

1 Datos sobre el Perú

a **Mira otra vez las páginas 80 y 81 del libro. Completa las preguntas y después contéstalas.**

1 ¿__________ se llama la capital del Perú? __________

2 ¿__________ se encuentra el Perú? __________

3 ¿__________ países limita? __________

4 ¿__________ idiomas hablan los peruanos? __________

5 ¿__________ zonas climáticas tiene el país? __________

6 ¿__________ son los productos orgánicos más importantes del Perú? __________

____

b **Ahora forma frases relacionando los datos de la casilla. Con la información más importante escribe un artículo de unas 80 palabras sobre el Perú para el periódico escolar. Puedes empezar así:**
El Perú tiene 29 millones de habitantes. La capital ...

29 millones de habitantes • 1 285 000 km2 • tres zonas climáticas • el Perú • Lima • moneda • los Andes • el lago Titicaca • el Huascarán • 3000 especies • 6768 metros • (las) patatas • ...

2 La situación geográfica del Perú

En parejas haced el ejercicio tándem de la página 74.

3 La historia de la papa

En el Perú se comen muchas patatas, que en Latinoamérica se llaman papas.
Mira el vídeo (WES-112640-005) **y marca con una cruz si las frases son verdaderas o falsas.**

	v	f
1 La papa es originaria de América del Sur.		
2 La papa no era importante en las culturas andinas.		
3 En un solo mercado del Perú puedes encontrar más tipos de papas que en toda Norteamérica.		
4 La palabra “papa” viene del quechua y significa “recoger”.		
5 En Europa se descubrió la papa gracias a los franceses.		

4 Un plato típico del Perú

a El plato favorito de Daniel es la papa a la huancaína.
Lee la receta y rellena los huecos con las palabras correctas.
b Relaciona las fotos con las frases.
c Prepara la receta en casa.

aceitunas agua gramos huevos kilo leche minutos negras partes poner

Ingredientes (para 8 personas)

1 (1) ______________ de papas
cuatro (2) ______________ duros
hojas de lechuga
aceitunas (3) ______________

Para la salsa:
400 (4) ______________ de queso fresco
1/2 taza de (5) ______________
1 paquete de galletas saladas
1 ají amarillo
2 dientes de ajo
¼ cebolla, aceite, sal, pimienta

☐ **1** hervir las papas en (6) ______________ con sal durante quince (7) ______________
☐ **2** pelar las papas y cortarlas en rodajas
☐ **3** cortar el ají, los ajos y la cebolla muy pequeños y freírlos un poco
☐ **4** colocar en la licuadora el ají, los ajos y la cebolla
☐ **5** añadir el queso, las galletas, la leche, el aceite, sal y pimienta
☐ **6** (8) ______________ las hojas de lechuga en los platos y encima las rodajas de papas y la salsa
☐ **7** cortar los huevos duros en cuatro (9) ______________, ponerlos encima de las papas
☐ **8** decorar todo con las (10) ______________

A

B

C

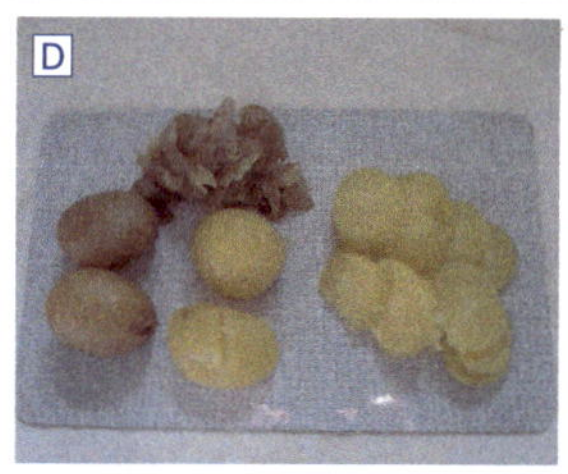
D

E

F

G

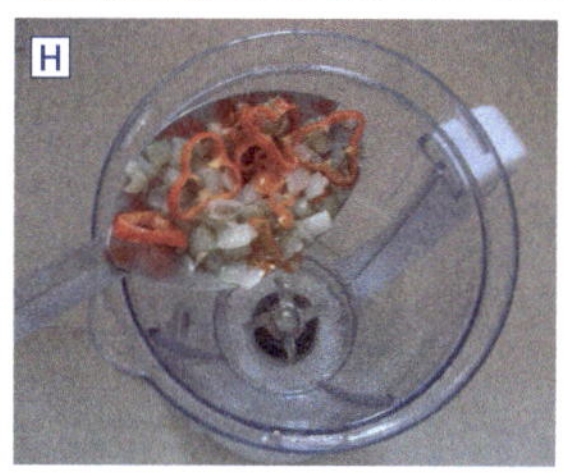
H

duro/-a hart gekocht | **la hoja** das Blatt | **la lechuga** der Kopfsalat | **la salsa** die Soße | **la taza** die Tasse | **la galleta** der Keks | **el ají** die Chilischote | **el diente de ajo** die Knoblauchzehe | **la sal** das Salz | **la pimienta** der Pfeffer | **hervir** kochen | **pelar** schälen | **cortar** schneiden | **la rodaja** die Scheibe | **freír** braten | **colocar** legen, (an)ordnen | **la licuadora** der Mixer | **añadir** hinzugeben

5 En casa de Daniel

Daniel, el locutor peruano de Buena Onda, invita a su compañera Lina a comer papa a la huancaína. Cuando terminan de comer, charlan un rato. Completa el diálogo con las formas correctas del indefinido, imperfecto, perfecto o pluscuamperfecto.

ayudar cocinar decir enseñar preparar ser

LINA: ¡Qué rica la papa a la huancaína, Dani! Mi papá la (1) __________ siempre cuando yo (2) __________ pequeña.

DANI: ¿Te gusta? Me alegro. La (3) __________ (yo) ayer.

LINA: ¿Y la (4) __________ tú solo o te (5) __________ alguien?

DANI: Yo solo. Es la primera vez, antes siempre me (6) __________ mi abuelita.

LINA: El año pasado mi mamá me (7) __________ a preparar algunos platos, pero no me gusta cocinar.

DANI: ¿En serio? Pero vamos a hablar de comida peruana en el programa, como (8) __________ (nosotros) el otro día, ¿no?

decidir escuchar pensar ir tocar vender venir

LINA: Sí, claro. Y de música también. ¿Ya (9) __________ (tú) qué canción de los Hermanos Yaipén quieres poner?

DANI: Todavía no lo (10) __________. Pero la semana pasada (11) __________ una muy chévere. No la (12) __________ nunca antes.

LINA: (13) ¿__________ (tú) a algún concierto de ellos? (14) __________ (ellos) hace unos meses aquí en Cusco, ¿verdad?

DANI: Sí, (15) __________ (ellos) en febrero. Una semana antes del concierto (16) __________ (yo) a comprar entradas para mi primo y para mí, pero ¡ya las (17) __________ (ellos) todas!

LINA: ¡Ay, no! La próxima vez vamos juntos y compramos las entradas mucho antes.

6 El comercio justo en el Perú

p. 132/3.1

a **Lee otra vez el texto 4 de la página 82 del libro y describe dónde quedan Lina y Martín y por qué.**

____

____

b **Explica por qué es bueno ser socio de una cooperativa y qué significa el sello del comercio justo en un producto.**

____

____

____

____

→

c **Marca con una cruz si las siguientes frases son verdaderas, falsas o si la información no está en el texto.**

	v	f	no está
1 Gracias al comercio justo mucha gente sigue trabajando en las plantaciones.			
2 Los padres de Martín están muy orgullosos de su hijo.			
3 Sus padres también vendían café en todo el mundo.			
4 Lina piensa que los productos del comercio justo cuestan demasiado.			

Gr
p. 10/8.8.9

7 ¿Qué habrías hecho?

a **Daniel y Lina hablan con sus compañeros sobre las vacaciones pasadas y todos cuentan qué les habría gustado hacer pero no pudieron. Forma ocho frases con un elemento de cada grupo usando el condicional compuesto.**

Ejemplo
Con menos miedo habrías hecho parapente[1] en Miraflores, Lima.

Con más tiempo
Con más dinero
Con menos lluvia y viento
Con menos miedo
Con menos equipaje
Con más ganas

(yo)
(tú)
Daniel
(nosotros)
Felipe y tú
Lina y su hermana

~~hacer parapente en Miraflores, Lima.~~
ver el cóndor andino en el cañón del Colca.
hacer senderismo en el Machu Picchu.
visitar el centro histórico de Arequipa.
ver la laguna Parón en Ancash.
navegar en el lago Titicaca.
observar delfines rosados en Iquitos.
pasear con llamas en Cusco.
hacer surf en la playa La Herradura.

b **En clase escribid las formas del condicional compuesto en las tablas de las páginas 78.**

8 ¿Qué es?

a **En el texto de la página 82, los chicos han hablado de algunas expresiones con la palabra "mano". Relaciona las frases 1-6 con las explicaciones correctas a la derecha. Ojo: sobran dos explicaciones (A-H). Después comprueba con un diccionario.**

1 Este reloj cayó en mis manos hace tiempo.
2 La decisión queda en manos de mi prima.
3 Este móvil es de segunda mano.
4 ¿Tienes un bolígrafo a mano?
5 Mi abuelo tiene buena mano para cocinar.
6 Es el álbum de fotos de la familia: ha pasado por muchas manos, por eso ya no es nuevo.

A Esa persona tiene que decidir.
B Esa persona tiene talento para hacer algo.
C Ese objeto fue un regalo o se encontró.
D Esa persona no sabe qué decidir.
E Ese objeto no es nuevo.
F Algo ha sido usado por muchas personas.
G Esa persona cocina con la mano derecha.
H Tener algo cerca, no demasiado lejos.

b **Ahora te toca a ti. Escribe cuatro frases con las nuevas expresiones que has aprendido.**

___

___

___

___

1 **el parapente** das Paragliding

9 El Día Mundial del Comercio Justo

a Mira los anuncios. ¿A qué criterio del comercio justo se refiere cada anuncio? Justifica tu decisión.

pagar un salario justo — cuidar el medio ambiente — no trabajar con niños — tener condiciones dignas de trabajo — tratar igual a los hombres y a las mujeres

b Explica el mensaje de los anuncios con la ayuda de un diccionario.

Gr 2, p. 22

10 ¿Cómo?

a Iker y su abuela están viendo un programa de televisión sobre el comercio justo. La abuela no oye muy bien y le pregunta a Iker qué dice el locutor. Formula las frases en estilo indirecto.

1 Comprad productos del comercio justo.

____

2 Hablad con vuestros amigos sobre este tema.

____

3 Sed consumidores responsables.

____

4 Bebed solamente café del comercio justo.

____

5 Visitad nuestra página web y escribidnos.

____

b **De repente llama el padre de Iker por teléfono. Llega tarde del trabajo y le pide ayuda a su hijo. La abuela quiere saber lo que dice. Formula las frases en estilo indirecto.**

Ejemplo
Dice que lo ayude un momento.

1 Iker, ayúdame un momento, por favor.

____

2 Primero sal a comprar huevos para la cena.

____

3 No olvides comprar también el helado que te gusta tanto.

____

4 Después pon la mesa.

____

5 Y escribe un mensaje a tu tía porque es su cumpleaños.

____

11 En una tienda solidaria

a **Iker va a una tienda solidaria y quiere informarse sobre los productos que tienen. Mira las fotos y apunta el nombre de las cosas que ves en la primera pregunta de b).**

b **Escucha el diálogo y marca con una cruz las respuestas correctas.**

1 ¿Qué venden en la tienda solidaria?

A 
B 
C 
D 
E 
F 

______ ______ ______ ______ ______ ______

2 ¿De qué países son los productos?

A 
Colombia

B 
Argentina

C 
Costa Rica

D 
Alemania

E 
Panamá

F 
México

3 ¿Qué compra Iker?

A 

B 
C 
D 

E 

F 

c **Escucha otra vez y apunta toda la información que llegas a saber sobre el producto que compra Iker.**

____

____

12 De todo un poco

Lina escribe un e-mail a Raquel. Completa el texto con las palabras correctas.

Hola, Raquel:
¿Cómo estás? ¿(1) ____________ hiciste el fin de semana?
Daniel y yo (2) ____________ ayer a un concierto (3) ____________ Daniela Darcourt.
¡(4) ____________ muy chévere! (5) ____________ muchísima gente y Daniela cantó casi tres horas.
Daniel me (6) ____________ regalado las entradas (7) ____________ mi cumpleaños.
Ya sabes que (8) ____________ canción favorita de Daniela Darcourt (9) ____________ llama *Probablemente* y estuve toda (10) ____________ noche esperándola. Es una canción de amor lindísima y cuando Daniela se despidió no la había cantado (11) ____________. Bueno, volvió a salir tres veces y la última canción que (12) ____________ fue *Probablemente*. Imagínate (13) ____________ contenta me puse.
Daniel y yo caminamos (14) ____________ casa y cantamos durante (15) ____________ el camino.
Espero que Daniela (16) ____________ pronto a Cusco porque quiero (17) ____________ de nuevo a un concierto suyo y llevar (18) ____________ mi hermanita. A (19) ____________ también le encanta esa música. ¿Y a (20) ____________?
Un abrazo,
Lina

13 Historia y tradiciones de los incas

p. 132/3.1

a **Mira las imágenes y relaciónalas con los textos del ejecicio 12 (p. 87) del libro. Ojo: dos fotos sobran.**

Takiri: ________ Flora: ________ Unay: ________ Nuna: ________

A

B

C

D

E

F

b **En parejas inventad una pregunta sobre cada texto e intercambiadlas con otra pareja. Ellos las contestan.**

____

____

____

Gr
p.19/9.4

14 El otro Machu Picchu

a **En un programa de turismo se habla de Choquequirao, una antigua ciudad inca muy parecida a Machu Picchu a la que solo llegan a pie unas 20 personas al día. Para poder visitarla hay que caminar 63 kilómetros en cinco días. Completa las frases condicionales irreales del pasado.**

1 Si Hiram Bingham no ______________________ Choquequirao en 1909, probablemente los peruanos la ______________________ años más tarde. *(descubrir/encontrar)*

2 Si hace años llegar a Choquequirao ______________________ más fácil, la ______________________ muchos más turistas. *(ser/visitar)*

3 Si los antiguos habitantes de Choquequirao ______________________ la ciudad más cerca de Cusco, quizá hoy no ______________________. *(construir/existir)*

4 Si los turistas no ______________________ que caminar tanto, no ______________________ tan cansados. *(tener/llegar)*

5 Si los incas no ______________________ un lugar tan alto para construir Choquequirao, visitar la ciudad ______________________ menos impresionante. *(elegir/ser)*

b **En clase escribid las formas del pluscuamperfecto de subjuntivo en las tablas de la página 78.**

15 Machu Picchu

Pedro José, un radioyente de Buena Onda, escribe al programa para contar su experiencia en Cusco y en Machu Picchu. Completa el texto con los conectores de las casillas y con las preposiciones que faltan.

por lo cual no obstante por eso porque al final además primero

Yo siempre había querido viajar a Machu Picchu. (1) ______________ cuando mi hermana me propuso pasar una semana (2) ______________ Cusco, le dije que sí enseguida. Queríamos ir (3) ______________ octubre, pero no pudimos (4) ______________ ella tenía exámenes en la universidad. (5) ______________ pudimos ir en enero. Enero no es el mejor mes (6) ______________ visitar Cusco (7) ______________ llueve mucho. (8) ______________ nosotros no queríamos esperar más y el 15 de enero tomamos un autobús (9) ______________ Cusco. (10) ______________ pasamos tres días (11) ______________ Cusco, vimos la ciudad y las ruinas incas, que nos encantaron. El cuarto día, fuimos por fin (12) ______________ Machu Picchu. ¡Es impresionante! (13) ______________, en la época de lluvias no hay tantos turistas, (14) ______________ pudimos disfrutar más (15) ______________ nuestra visita.

p. 143/8.2

16 Peruanos famosos

En parejas, elegid a una de estas personas. Buscad los datos más importantes sobre ella y contestad a las siguientes preguntas. Preparad un póster y presentadlo en clase.

¿A qué se dedica/dedicaba? ¿Por qué es tan famoso/-a? ¿Qué datos interesantes tiene?

- Mario Vargas Llosa (escritor)
- Claudio Pizarro (futbolista)
- Sofía Mulanovich (surfista)
- Carlos Noriega (astronauta)
- Atahualpa (soberano[1] inca)
- Pia León (cocinera)

17 Un viaje espectacular

a **Andrés es de Vigo y acaba de volver de un viaje al Perú donde ha visitado muchos lugares interesantes. Escucha y ordena las fotos según el diálogo. Ojo: sobran dos fotos.**

b **Escucha otra vez y corrige las frases.**

1 Andrés viajó con sus padres y sus hermanas María y Alba al Perú.

____

2 No quiere volver al Perú porque ya ha visto todo, incluso monos en la selva.

____

c **Contesta a las preguntas.**

1 ¿Qué tiempo hacía en el Perú?

____

2 ¿Por qué tuvo que regresar a Arequipa y qué hizo allí?

____

3 ¿Qué le gustó de Cusco?

____

4 ¿Cómo fue a Machu Picchu?

____

5 ¿Qué animales vio durante su viaje?

____

1 **el/la soberano/-a** der/die Herrscher/in

18 A tu manera

Elige una actividad.

1 Busca productos del Perú en un supermercado o en internet. ¿Qué productos hay? ¿Llevan un sello del comercio justo? Compara los precios con productos normales y haz una ficha con toda la información que has encontrado sobre el producto. Apunta toda la información importante y qué te ha llamando la atención.
2 En parejas preparad un concurso sobre el Perú para vuestros compañeros con, por lo menos, ocho preguntas o frases como en el ejemplo. Después haced el concurso en clase.
3 En grupos de tres o cuatro cread un mapa del Perú con fotos o dibujos. Usad como base una copia del mapa que está al final del libro y añadid imágenes e información. Presentad el mapa en clase.

El Perú es …

A casi tan grande como Alemania.
B dos veces más grande que Alemania.
C cuatro veces más grande que Alemania.

19 Entre idiomas

Du bist mit deinen Eltern gerade in Peru angekommen. Auf dem Weg zum Hotel erzählt euch der Taxifahrer, was es in Lima zu sehen gibt. Deine Eltern sprechen nur ein bisschen Spanisch und können nicht alles verstehen. Höre dir an, welche Tipps der Taxifahrer gibt und beantworte mündlich die Fragen deiner Eltern.

1 Können wir den Präsidentenpalast besichtigen?

2 Welche Sehenswürdigkeiten gibt es im Bezirk Miraflores?

20 Una postal del Perú

Estás de vacaciones en el Perú con tu familia. Elige una de las fotos de las páginas 80-81 y escribe una postal de unas 80 palabras a tu amigo/-a español/a. Cuéntale qué tal el viaje: adónde habéis ido, qué habéis visto y qué vais a hacer todavía antes de volver a Alemania.

21 Espacio cultural

a **Mirad las fotos y describidlas. ¿En cuáles veis animales, tradiciones o productos típicos del Perú? Hablad en parejas y apuntad vuestra solución. Después comprobad en internet y comparad en clase.**

b ¿Qué animales, tradiciones y productos de tu país son difíciles de encontrar en el resto del mundo? ¿Por qué (no) son importantes para ti/tu país?

Un paseo por Madrid

1 Un vídeo sobre la capital

a Celia y Raquel han hecho un vídeo sobre su ciudad. Antes de verlo, relaciona las definiciones con las imágenes correspondientes.

A

B

C

D

E

1 un mercadillo en la calle donde se venden muchas cosas *(= el Rastro)*

2 un edificio muy alto *(= el rascacielos)*

3 cuando se gana algo *(= la victoria)*

4 un lugar donde hay agua *(= la fuente)*

5 una estatua en Madrid y el símbolo de la ciudad *(= el Oso y el Madroño)*

p. 136/4.2

b Elige cuatro de los aspectos de las casillas. Mira el vídeo (WES-112640-006) **y apunta la información que se da sobre cada uno de ellos. Comparad y juntad los resultados en clase.**

el metro | los parques y la naturaleza | la población | las calles y los edificios | el Paseo de la Castellana | los barrios | la Puerta del Sol | los museos | el deporte

c ¿En cuál de los lugares que habéis visto en el vídeo (no) os gustaría estar ahora mismo? ¿Por qué (no)? Hablad en parejas.

2 Caminar por la ciudad

En parejas mirad el mapa de Madrid de la página siguiente. Imaginad que estáis en la Puerta del Sol. *A* es un/a turista que no conoce la ciudad y le pregunta a *B*, un/a madrileño/-a, el camino para ir a uno de los lugares siguientes. *B* le explica cómo llegar. Después intercambiad los papeles.

la Biblioteca Nacional | el Palacio Real | la estación de Atocha | el Palacio de Cristal | el Museo de Historia de Madrid | la Plaza de España | el Teatro Valle-Inclán

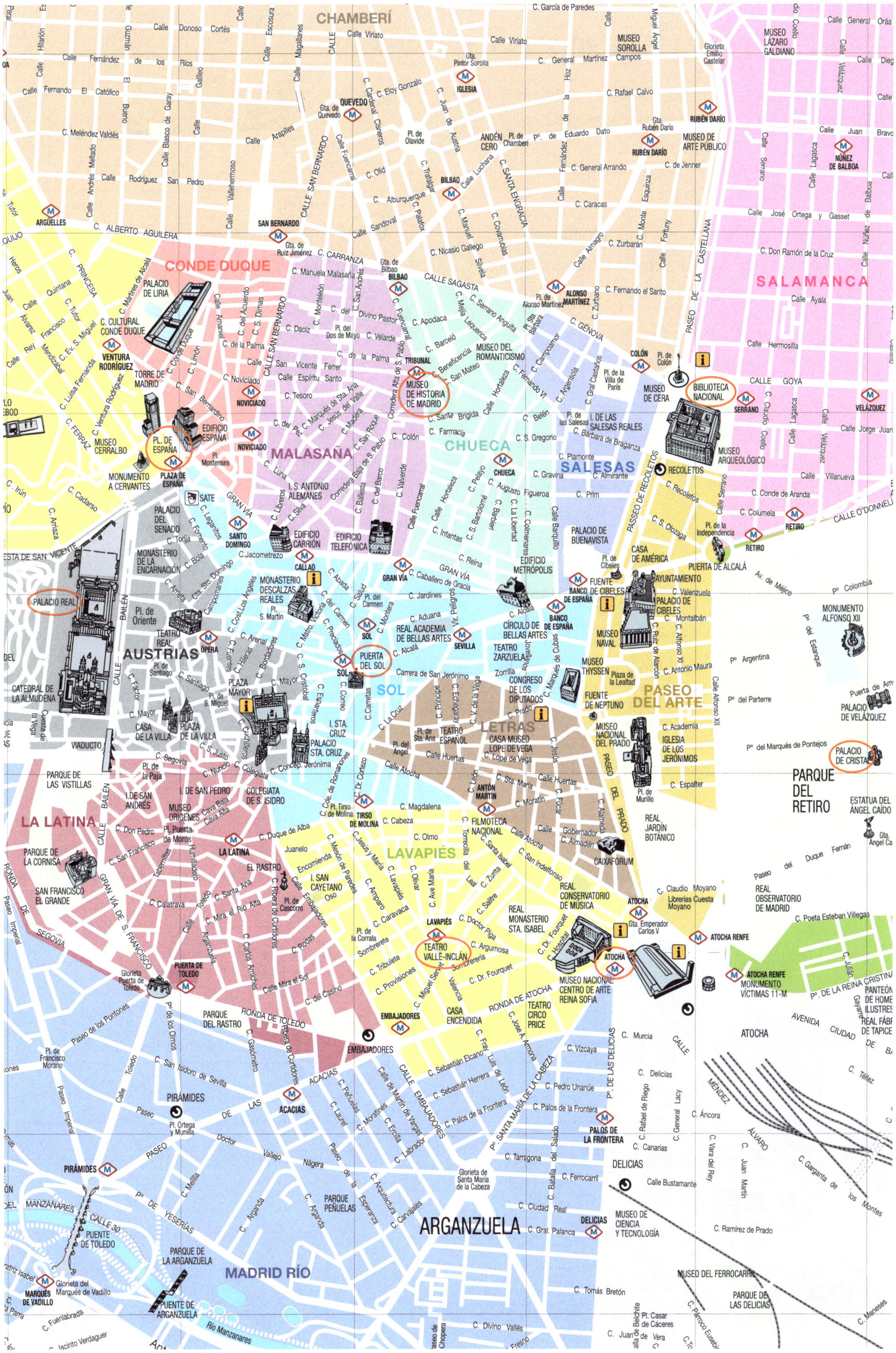
CHAMBERÍ
CONDE DUQUE
MALASAÑA
CHUECA
SALESAS
SALAMANCA
AUSTRIAS
SOL
LETRAS
PASEO DEL ARTE
LA LATINA
LAVAPIÉS
ARGANZUELA
MADRID RÍO
PARQUE DEL RETIRO
PL. DE ESPAÑA
PALACIO REAL
MUSEO DE HISTORIA DE MADRID
BIBLIOTECA NACIONAL
PUERTA DEL SOL
PALACIO DE CRISTAL
TEATRO VALLE-INCLÁN
ATOCHA
MUSEO SOROLLA
MUSEO LÁZARO GALDIANO
MUSEO DE ARTE PÚBLICO
PALACIO DE LIRIA
TORRE DE MADRID
EDIFICIO ESPAÑA
MUSEO CERRALBO
MONUMENTO A CERVANTES
PALACIO DEL SENADO
MONASTERIO DE LA ENCARNACIÓN
TEATRO REAL
CATEDRAL DE LA ALMUDENA
PLAZA MAYOR
CASA DE LA VILLA
EDIFICIO CARRIÓN
EDIFICIO TELEFÓNICA
MONASTERIO DESCALZAS REALES
REAL ACADEMIA DE BELLAS ARTES
CÍRCULO DE BELLAS ARTES
EDIFICIO METRÓPOLIS
CONGRESO DE LOS DIPUTADOS
MUSEO THYSSEN
FUENTE DE CIBELES
PALACIO DE CIBELES
FUENTE DE NEPTUNO
MUSEO NACIONAL DEL PRADO
IGLESIA DE LOS JERÓNIMOS
REAL JARDÍN BOTÁNICO
CAIXAFORUM
PUERTA DE ALCALÁ
MUSEO ARQUEOLÓGICO
MUSEO NAVAL
MONUMENTO ALFONSO XII
PALACIO DE VELÁZQUEZ
ESTATUA DEL ÁNGEL CAÍDO
REAL OBSERVATORIO DE MADRID
MUSEO NACIONAL CENTRO DE ARTE REINA SOFÍA
MONUMENTO VÍCTIMAS 11-M
PUERTA DE TOLEDO
SAN FRANCISCO EL GRANDE
PARQUE DE LAS VISTILLAS
PARQUE DE LA CORNISA
PARQUE DEL RASTRO
EL RASTRO
MUSEO DE CIENCIA Y TECNOLOGÍA
MUSEO DEL FERROCARRIL
PARQUE DE LAS DELICIAS
PARQUE DE LA ARGANZUELA
PUENTE DE TOLEDO
PUENTE DE ARGANZUELA
Río Manzanares

p. 132/3.1

3 Las plazas más famosas de Madrid

a Lee otra vez los textos de la página 100 del libro y marca con una cruz las frases correctas.

1 En la Puerta del Sol siempre se puede/n ver ...

- a gente comiendo uvas.
- b un símbolo de la capital española.
- c las seis carreteras principales de España.

2 La Plaza Mayor ...

- a tiene un nombre y un uso distintos a los que tenía antes.
- b se ha llamado siempre igual, pero se hacen cosas diferentes.
- c ya no tiene el mismo nombre, pero en ella se hace lo mismo que antes.

3 En la fuente de Cibeles celebran los títulos ...

- a los aficionados del Real Madrid desde 1991.
- b los fans del Real Madrid y del Atlético de Madrid.
- c los fans del Real Madrid desde hace más de 40 años.

4 En la Plaza de España hay, entre otras cosas, ...

- a una estatua representativa de la literatura española, espacios verdes y edificios importantes.
- b dos edificios representativos, cines, teatros y un monumento a Cervantes.
- c un jardín con una fuente y una escultura a uno de los mejores escritores españoles.

b Completa las frases.

1 Si quieres encontrar un reloj importante, tienes que ir ______________________.

2 El kilómetro cero está ______________________.

3 Si quieres comprar un recuerdo y tomar algo, puedes ir a ______________________.

4 Para ver esculturas muy conocidas, los turistas van a la ______________________
o a la ______________________.

p. 130/1.3

4 Los sustantivos

Mira las palabras de la casilla y decide si tienen formas iguales o formas distintas en masculino y femenino. Escríbelas en la tabla y completa con las formas que faltan. Después comprueba con un diccionario.

~~la protagonista~~ • ~~los reyes~~ • la actriz • las artistas • la deportista • los aficionados • la turista • el dueño • las indígenas • los europeos • el líder • los socios • los futbolistas

formas diferentes	
masculino	**femenino**
los reyes	*las reinas*

formas iguales	
masculino	**femenino**
el protagonista	*la protagonista*

5 Vacaciones en Madrid

En parejas haced el ejercicio tándem de la página 75.

6 Una excursión a Madrid

Carla escribe un e-mail a una amiga y le cuenta de su excursión a Madrid. Completa el texto con el tiempo verbal correcto.

Hola, amiga:

¿Qué tal? Espero que tu familia y tú (1) ________________ (estar) todos bien.

Yo (2) ________________ (pasar) el fin de semana pasado en nuestra capital. ¡Nunca la (3) ________________ (visitar) antes! (4) ________________ (ir) con mis tíos que hace mucho tiempo (5) ________________ (vivir) en Madrid. Por eso (6) ________________ (conocer) muy bien la ciudad y me (7) ________________ (poder) enseñar todos los lugares bonitos.

El sábado (8) ________________ (hacer) muy buen tiempo. Por eso (9) ________________ (ir/nosotros) al Parque de Retiro. Mientras (10) ________________ (pasear) por el parque, (11) ________________ (disfrutar) de la naturaleza. De repente, (12) ________________ (escuchar/yo) música. (13) ________________ (ser) un grupo que tocaba en directo. Ya (14) ________________ (olvidar) el nombre del grupo, pero (15) ________________ (sonar/ellos) muy bien.

Después de comer, (16) ________________ (visitar/nosotros) la Puerta del Sol. Allí (17) ________________ (encontrarse) el símbolo de Madrid que es la famosa estatua del Oso y el Madroño. Por supuesto, también nos (18) ________________ (hacer/nosotros) una foto de nuestros pies sobre el Kilómetro Cero.

(19) ________________ (querer/yo) entrar al Museo del Prado, pero ese día (20) ________________ (haber) desmasiada gente, así que al final, (21) ________________ (decidir/nosotros) ir al Jardín Botánico. ¡(22) ________________ (ser) una pasada!

El domingo, (23) ________________ (estar/nosotros) tan cansados que (24) ________________ (decidir) pasar un día tranquilo. Primero, (25) ________________ (desayunar) en una cefetería cerca de nuestro hotel. Yo (26) ________________ (pedir) chocolate con churros y mis tíos café con tostadas. Por último, en Gran Vía mis tíos (27) ________________ (comprar) algunos regalitos de recuerdo para mis primos.

Espero que (28) ________________ (poder/yo) volver muy pronto, ¿Te (29) ________________ (gustar) venir conmigo la próxima vez? (30) ________________ (ir/nosotros) de nuevo el año que viene.

Besos,

Carla

7 Barrios de Madrid

a **Una de las características de Madrid es que sus barrios son muy diferentes. Leed la información sobre estos cuatro barrios. ¿Cuál de los barrios os gustaría visitar? ¿Por qué? ¿Hay barrios parecidos en vuestra ciudad? Hablad en clase.**

Malasaña
Ubicación: centro de Madrid
Características: en este barrio lleno de contrastes encontramos los restaurantes más modernos y también los bares más tradicionales. Hasta hace pocos años, era un barrio donde todos se conocían; ahora, está muy de moda y muchos jóvenes han ido a vivir a Malasaña.
Lugares y eventos de interés: el Mercado de Fuencarral, la Plaza Dos de Mayo

Barrio de las Letras
Ubicación: centro de Madrid
Características: este barrio recibe su nombre por la gran tradición literaria que existe desde el siglo XVI. Allí vivieron algunos de los escritores más importantes y se construyeron los primeros teatros de la capital.
Lugares y eventos de interés: el Centro cultural Caixaforum, el Teatro Español, la Plaza de Santa Ana

Carabanchel
Ubicación: sur de Madrid
Características: es uno de los barrios más grandes y con mayor población de Madrid. Es casi como una ciudad dentro de la propia ciudad de Madrid.
Lugares y eventos de interés: las Fiestas de San Isidro, el Puente de Toledo

Lavapiés
Ubicación: centro de Madrid
Características: es el barrio más multicultural de Madrid. Allí viven muchos jóvenes y un alto porcentaje de sus habitantes son extranjeros, de más de 80 nacionalidades diferentes.
Lugares y eventos de interés: la Casa Encendida, el Rastro

b **Escucha lo que contestan cuatro jóvenes a la pregunta "¿Cómo es tu barrio?". Relaciona cada persona con lo que dice. Ojo: sobran dos frases.**

Alberto
Paula
Pedro
Soraya

1 Le gustan mucho las fiestas del barrio.
2 En su barrio hay personas de muchas nacionalidades.
3 Dice que la cultura es algo importante en su barrio.
4 Le gusta que su barrio tenga tantas cosas para hacer.
5 En su barrio tiene todo lo que necesita.
6 Dice que quiere mudarse.
7 No está contenta con el precio de los bares y restaurantes.

c **Ahora apunta con la ayuda de la información del ejercicio a) en qué barrio vive cada joven. Justifica tu respuesta.**

	Alberto	Paula	Pedro	Soraya
nombre del barrio				

Gr
p. 16/9.2

8 Y … ¿qué dijeron? *(nur in Baden-Württemberg verpflichtend)*

a Celia chateó con los locutores de Buena Onda y todos le hicieron muchas preguntas y comentarios del programa que planea sobre Madrid. Ahora está hablando con Raquel y se lo cuenta. Marca las palabras que tienes que cambiar antes de transformar las frases al estilo indirecto.

Ejemplo
Iker: "Seguro que vuestro programa va a ser muy interesante".
Iker dijo que seguro que nuestro programa iba a ser muy interesante.

1 Lina: "Daniel y yo les vamos a escuchar juntos. Él va a venir a mi casa".
2 Iker: "¿De qué temas vais a hablar? ¿Ya lo habéis pensado?"
3 Laia: "¿Al final convenciste a Raquel para hablar sobre la calle Gran Vía?"
4 Javier: "Mañana subo vuestro programa a la página web".
5 Gilberto: "¿Ya habían hablado alguna vez de Madrid para Buena Onda?"
6 Paulina: "Perdón por no haber hablado con ustedes antes, tenía que ayudar a mi mamá".
7 Cibrán: "Si necesitáis ayuda con la música, podéis mandarme un mensaje".
8 Alejandro: "¡Os deseo mucha suerte! Lo vais a hacer muy bien".

b Cuando Celia termina de hablar con Raquel, chatea con Laia. Transforma el texto en un diálogo. Puedes empezar así: *Celia: ¿Cómo estás, Laia? - Laia: Muy bien. Esta mañana he ido …*

Celia le preguntó a Laia cómo estaba. Laia contestó que muy bien y le contó que esa mañana había ido al centro con su madre. Dijo que primero habían tomado un café y después habían entrado a una tienda. También le dijo que su madre le había regalado un libro. Laia le preguntó a Celia si el día anterior había hablado con los locutores de Buena Onda. Celia contestó que habían hablado el día anterior por la tarde y le contó que le habían dado muchos consejos y le habían hecho algunas preguntas. Laia preguntó cuándo iban a hacer el programa ella y Raquel, y Celia le contestó que su programa iba a ser este fin de semana. También dijo que ella y Raquel estaban un poquito nerviosas.

9 El Bibliometro

a ¿Qué puede ser el Bibliometro de Madrid? Hablad en parejas y presentad vuestras ideas en clase.
b Escucha el reportaje de radio y apunta quién habla y qué es el Bibliometro.

____

____

c Escucha otra vez y ordena las frases cronológicamente.

☐ El Bibliometro lo pueden usar todas las personas que tienen el carné[1] de las Bibliotecas Públicas de Madrid o el carné bibliometro.
☐ En el sistema hay más de 3000 libros.
☐ Encuentras más información sobre el Bibliometro en internet.
☐ Tienes hasta 15 días para leer cada libro, pero si es poco, puedes pedir tenerlo otros 15 días más.
☐ El carné de Bibliometro se obtiene enseñando el DNI[2] en cualquiera de las bibliotecas. Si tienes menos de 18 años necesitas el permiso y una copia del DNI de uno de tus padres o de tu tutor.
☐ Se encuentra en 12 estaciones de metro.

1 **el carné** der Nutzerausweis | 2 **el DNI** der Personalausweis

10 Miguel de Cervantes Saavedra

Lee otra vez el texto sobre Miguel de Cervantes Saavedra de la página 107 del libro. Después lee este resumen y busca los siete errores. Márcalos y luego compáralos con un/a compañero/-a. Corregidlos juntos/-as en vuestros cuadernos.

Miguel de Cervantes nació en 1547 en la localidad madrileña de Alcalá de Henares. No pudo estudiar porque su familia era bastante pobre. Cuando era joven, participó en un duelo en Italia e hirió a alguien. Para no ir a la cárcel, se unió a la Armada Española, con la que fue a la batalla de Lepanto. Luchó como un héroe y por esa razón le pusieron como apodo El Manco de Lepanto. Cuando Cervantes volvía a España, su barco fue atacado y a él se lo llevaron prisionero a Argel. Fue liberado dos años después. Entonces, volvió a su país y se casó, pero poco tiempo después volvió a la cárcel. Pasó allí algunos meses y cuando salió, empezó a escribir "El ingenioso hidalgo don Quijote de la Mancha", que se publicó en 1605. La novela fue muy popular, pero Cervantes no escribió nada más y por eso murió muy pobre en 1616.

11 Don Quijote de la Mancha

p. 129/1.1

a **Lee el primer capítulo de una adapción para niños y marca con color todo lo que entiendas. Después explica a tu compañero/-a las partes que has entendido y marca también lo que entiendes gracias a la explicación de tu compañero/-a. Para entender las partes que siguen sin color usad un diccionario.**

En un lugar de la Mancha, hace mucho tiempo, allá por el año 1500, un hombre vivía en una gran casa, con su sobrina y una criada. Se llamaba Alonso Quijano. Tenía cincuenta años, era alto y delgado. Se dedicaba a cuidar de sus tierras y de sus animales. Pero lo que más le gustaba era leer. Y cada día le gustaba más.

Se pasaba el día leyendo. Le gustaban sobre todo los libros de caballerías. Eran libros que contaban historias de caballeros que luchaban contra monstruos feroces y que se ponían al servicio de hermosas doncellas para defenderlas de todos los peligros.

La vieja criada que servía a Alonso Quijano estaba muy preocupada.

— Señor, no puede ser bueno leer tanto. Se os va a secar el cerebro y os volveréis loco — le decía cada día —. Nadie cuida de la tierra, ni de los animales. Pronto no tendremos nada que comer.

Pero su señor no le hacía ningún caso. Casi no comía ni dormía. Solo leía y leía.

Hasta que ocurrió lo que le dijo su criada, que se volvió loco. Empezó a creer que todo lo que leía en los libros era verdad.

Decidió que debía hacer como los protagonistas de los libros de caballerías que tanto le gustaban: vestir una armadura para protegerse en las batallas, armarse con una lanza y una espada e ir por el mundo para salvar a indefensas doncellas y luchar contra los monstruos que ponían en peligro la vida de aldeanos y campesinos. Es decir, debía convertirse en caballero andante.

Lo primero que hizo fue limpiar unas armas viejas que guardaba en el establo. Después, estuvo mucho tiempo pensando cómo podrían llamarse él y su caballo. Tenían que llevar nombres que sonaran bien y les hicieran parecer importantes.

Al fin se decidió: él se haría llamar don Quijote de la Mancha y a su caballo, Rocinante. Pero se dio cuenta de que le faltaba encontrar una dama a la que defender, proteger y dedicar sus victorias en las batallas.

Y, entonces, se acordó de una moza de la que había estado enamorado y que vivía en el Toboso, una ciudad cercana. Y decidió que su dama se llamaría Dulcinea del Toboso.

Cervantes Saavedra, Miguel de: Don Quijote de la Mancha. Adapción de Sofía Cantalapiedra. Edición RAE. Barcelona: Almadraba 2017, pp. 11-13.

b **Lee el texto otra vez y contesta a las preguntas.**

¿dónde? ¿quiénes? ¿qué? ¿cuándo? ¿por qué?

p. 137/6b

c **Escribe un resumen de unas 80 a 100 palabras usando tus apuntes del ejercicio b).**

12 En el estadio Santiago Bernabéu

a La última parada del *tour* por Madrid es el Estadio Santiago Bernabéu. Escucha qué cuenta el guía y completa las frases.

1 El Estadio Santiago Bernabéu es el ____________________ grande de España y el ____________________ en Europa.

2 Empezaron a construir el estadio en __________ y tardaron ____________________ en terminarlo.

b Escucha otra vez y marca con una cruz las respuestas correctas.

1 ¿El estadio ha cambiado su nombre?

- a Sí, antes se llamaba Estadio Real.
- b Sí, antes se llamaba Nuevo Estadio Chamartín.
- c No, siempre se ha llamado Santiago Bernabéu.

2 ¿Cuántas personas pueden ver un partido en el estadio?

- a 81 044 personas
- b 110 400 personas
- c 74 200 personas

3 ¿Cuántas estrellas tiene el estadio?

- a La UEFA le dio cuatro estrellas, y al del Barça cinco.
- b Los estadios no tienen estrellas.
- c La UEFA le dio cinco estrellas.

4 Un dato curioso es que ...

- a antes era el estadio del equipo Atlético de Madrid.
- b la sala VIP creada por una compañía aérea es como una cabina del avión Boeing 777.
- c solo puedes visitar el estadio por dentro los domingos.

13 Un e-mail

p. 138/6c

a Vas a hacer un viaje a Madrid con tu familia y queréis visitar el estadio del Real Madrid o el del Atlético de Madrid. Escribe un e-mail a una de las oficinas de los estadios para pedir la información siguiente: horario y precio de las visitas guiadas, cómo llegar, alojamiento y restaurantes cercanos, cómo conseguir entradas para un partido y cuánto costarían, dónde comprar la camiseta del equipo.

b Trabajad en grupos de cuatro o cinco. Leed el punto 7d (p. 140) de las estrategias y después corregid vuestros textos en cadena.

14 En casa de Iker

Iker habla con su madre. Completa el diálogo con las formas correctas de *hacer(se)*, *poner(se)* o *volver(se)*.

MADRE: Mañana vamos al restaurante para celebrar el cumpleaños del abuelo. Iker, (1) ______________ guapo, por favor.

IKER: ¡Que sí ...! ¿Sabes? Mañana voy a la playa con Javi. Su hermano mayor (2) ____________________ surfista profesional y queremos verlo entrenar. Se llama Iñaki y (3) ____________________ surf desde niño, es una pasada. Si sigue ganando todas las competiciones va a (4) __________________ famoso.

MADRE: Ya. Pues entonces (5) __________________ (tú) a casa antes de ir al restaurante y (6) ____________________ (tú) una camiseta limpia, ¿vale?

IKER: Claro mamá, no (7) _________________ (tú) pesada. ¿Por qué me lo (8) __________________ a repetir?

15 Entre idiomas

p. 146/10

Der mexikanische Freund deiner Eltern, José Luis, wird während seiner Europareise Madrid besuchen. Da du *churros* liebst, hast du ihm eine berühmte Chocolatería empfohlen. Lies den Artikel und beantworte José Luis‘ Fragen in einer E-Mail (ca 120 Wörter):

- ¿Qué son los churros para los españoles?
- ¿Cuándo abre la chocolatería?
- ¿Hay más chocolaterías como esta en el mundo?
- ¿Por qué es tan famosa esta chocolatería?

Er bezeichnet sich selbst als „Cristiano Ronaldo der Churros". Daniel Real arbeitet seit zehn Jahren in einem Beruf, der vor allem in Spanien und Südamerika bekannt ist: Als Churrero stellt er Churros her – goldgelbes, längliches Spritzgebäck, das in heiße Schokolade getaucht wird. In Spanien hat das Gebäck einen ähnlichen Status wie Brezeln in Bayern. Es kann zu jeder Tageszeit gegessen werden und ist bei Spaniern ebenso beliebt wie bei Touristen. Churros und ihre etwas dickeren Brüder, die Porras, gibt es in weiten Teilen des Landes zu kaufen, aber nach Ansicht vieler Madrileños sind sie nirgends so gut wie in der Chocolatería [...] im Zentrum der spanischen Hauptstadt, einem 126 Jahre alten Geschäft. Hier arbeitet Real in der kleinen Küche hinter der Bar und spritzt mit einer Maschine vorsichtig einen Teig aus Mehl, Salz und Wasser ins 234 Grad heiße Öl – manchmal auch mitten in der Nacht.

Der Laden hat 24 Stunden am Tag an 365 Tagen im Jahr geöffnet. Auch um vier oder fünf Uhr morgens ist noch Hochbetrieb – dann kommen die Diskobesucher, die etwas Fettiges im Magen brauchen, um dem Kater vorzubeugen. Nur an einigen Stunden zu Weihnachten und Silvester ist die Chocolatería geschlossen. Zwischen sechs und sieben Uhr morgens wird sauber gemacht.

Churros zu machen ist eine eigene Kunst: Der Teig muss richtig gemischt und so gerührt werden, dass sich keine Klümpchen bilden. Und er muss so ins Öl plumpsen, dass daraus runde Gebäckkreise entstehen. Wenn Churros kerzengerade sind, ist das ein Zeichen dafür, dass sie maschinell hergestellt wurden.

Real war vor fünf Jahren sogar in China, um drei Wochen lang Churreros auszubilden. In Shanghai werden die Churros nun unter dem Namen Xuanlezi verkauft. Weitere Filialen der Chocolatería gibt es unter anderem in Tokio, Osaka und Bogotá.

Real sagt, er habe schon viele Promis kommen und gehen sehen. Die vielen Fotos an den Wänden des Ladens zeugen davon: Ein Bild von Opernsänger Plácido Domingo hängt da zwischen einem Porträt von Facebook-Gründer Mark Zuckerberg und Sängerin Tina Turner. Immer, wenn jemand Bekanntes in den Laden kommt, schnappen sich die Mitarbeiter eine Kamera oder ein Smartphone. [...]

Eine Million Gäste habe man im vergangenen Jahr bewirtet, sagt die Presseverantwortliche Delphi Artiñano stolz. „Viele Läden verkaufen Churros, aber nur wir haben uns darauf spezialisiert. Sonst haben wir nur noch einen Schokoladenkuchen im Angebot." Und es gebe noch zwei weitere Gründe, warum [die Chocolatería] so beliebt ist: Die hausgemachte Schokolade – von der sie aber nicht verraten will, wie sie gemacht wird und wo die Zutaten dafür herkommen – und die Churreros.

Haug, Kristin: Maestros des Spritzgebäcks. In: Spiegel Online. 3.6.2016. www.spiegel.de/karriere/madrid-in-der-chocolateria-san-gines-gibt-es-churros-rund-um-die-uhr-a-1093370.html [15.12.2021]

16 A tu manera

Elige una actividad.

1. Crea tu propio mapa de Madrid. Añade fotos e información de lugares que te interesen al mapa que puedes descargar aquí: WES-112640-007. Marca un *tour* que te gustaría hacer por la ciudad y luego presenta tu mapa en clase. Explica por dónde pasa tu ruta elegida y por qué te parecen interesantes estos lugares.
2. En parejas elegid un cuadro famoso de un/a artista español/a que se encuentre en un museo de Madrid. Presentad el cuadro y al artista en clase. Podéis buscar cuadros en las páginas web de los museos.
3. En grupos de tres preparad un juego con las palabras nuevas de esta unidad. Elegid 15 palabras y escribid cada una en una tarjeta. Añadid tres palabras tabú que no se puedan usar para explicar la palabra. Después, intercambiad el juego con otro grupo y jugad. Una persona empieza a explicar y la persona que primero adivine la palabra se queda con la tarjeta y explica la siguiente palabra. Gana la persona que al final tenga más tarjetas.

1 Palabras

una palabra correcta = 0,5 puntos ☐ de 8

a Escribe el antónimo (≠) o el sinónimo (=) correspondiente.

1 utilizar = ______
2 terminar ≠ ______
3 diferente = ______
4 la oportunidad = ______
5 nacional ≠ ______
6 a principios de ≠ ______
7 los fans = ______
8 tras = ______
9 quedarse = ______
10 aparecer ≠ ______

b Mira las imágenes. ¿Qué palabra es? Escribe el sustantivo con el artículo correspondiente en la línea.

1  ______

2 

______

3  ______

4  ______

5  ______

6  ______

2 Gramática

1 frase correcta = 1 punto ☐ de 6

Martín, el trabajador de la plantación, habla con Lina de cómo habría sido su vida si no hubiera trabajado en la cooperativa. Escribe seis frases condicionales irreales del pasado.

existir • hacer • interesarse • probar • tener • trabajar

cambiar • conocer • estudiar • saber • ser • sufrir

1 Si yo no ~ esta oportunidad para trabajar,
2 Si mis padres ~ en esta cooperativa,
3 Si no ~ esta posibilidad,
4 Si tú no me ~ esta entrevista,
5 Si tú no ~ el café de esta cooperativa,
6 Si las personas ~ antes por nuestra cooperativa,

A muchas personas ~ mi situación.
B mis hijos no ~ en la universidad.
C mi futuro ~ diferente.
D la situación de muchas familias ~.
E mi familia ~ mucho.
F no ~ cómo sabe de verdad.

______
______
______
______
______
______
______
______

3 Hablar

Decide con un/a compañero/-a cuántos de los 6 puntos recibes. Valorad el uso del idioma (= 3 puntos) y el contenido (= 3 puntos). ☐ de 6

Mira las fotos y compáralas. ¿A quién/es ves? ¿Dónde está/n y qué está/n haciendo? ¿Qué más hay en la foto? ¿Cómo te imaginas un día normal en su vida? Habla por lo menos un minuto.

4 Leer

a Buena Onda ha publicado un nuevo artículo en su página web. Léelo y marca con una cruz la frase que mejor lo resume.

frase correcta = 2 puntos ☐ de 2

1 El artículo habla de los premios más actuales del mundo hispanohablante.
2 El texto trata de diferentes personas peruanas que han ganado el premio Nobel de Literatura.
3 El artículo habla del Nobel de Literatura, el premio literario más importante del mundo.

El inventor sueco Alfred Nobel decidió que, tras su muerte (en 1896), parte de su dinero se usaría para dárselo a las personas más notables en diferentes temas. Así nacieron los *Premios Nobel*. El *Premio Nobel de Literatura* es el premio más importante que puede recibir un escritor. Cada octubre desde 1901 la Academia Sueca decide qué autor obtendrá el importante premio ese año. Hasta ahora lo han recibido 117 personas, de las cuales únicamente dieciséis son mujeres.
El 10 de diciembre de 1945, la poeta chilena Gabriela Mistral obtuvo el primer Premio Nobel de Literatura otorgado[1] a alguien de Latinoamérica. Fue la quinta mujer del mundo que lo consiguió y es hasta ahora la única mujer que lo ha recibido en Latinoamérica.
Gabriela Mistral nació en una familia muy pobre. Consiguió hacerse profesora, profesión que realizó por todo Chile, y luego en otros países latinoamericanos. Durante toda su vida luchó por los derechos humanos, el voto de la mujer y la igualdad con el hombre, entre otras cosas. Obtuvo el Premio Nobel de Literatura tras publicar solo cuatro libros y su país se sintió muy orgulloso de ella.
Años después, en 1971, otro escritor chileno recibió el importante premio: Pablo Neruda, que con su poesía daba vida a los sueños de un continente. En total son seis los autores latinoamericanos que lo han conseguido, el último de ellos fue el peruano Mario Vargas Llosa en 2010. Este número, unido al de los cinco españoles que han conseguido el premio, hace un total de once premios Nobel otorgados a escritores hispanohablantes, de seis países diferentes: los españoles José Echegaray, Jacinto Benavente, Juan Ramón Jiménez, Vicente Aleixandre y Camilo José Cela, los chilenos Gabriela Mistral y Pablo Neruda, el guatemalteco Miguel Ángel Asturias, el colombiano Gabriel García Márquez, el mexicano Octavio Paz y el peruano Mario Vargas Llosa.

b Completa las frases con los años y números adecuados.

una respuesta correcta = 1 punto ☐ de 8

1 Año en el que se otorgó el primer Nobel de Literatura: ________________
2 Año en el que lo obtuvo alguien de Latinoamérica por primera vez: ________________
3 Número de libros de Gabriela Mistral antes de recibir el Nobel: ________________
4 Número de mujeres que ganaron el Nobel de Literatura antes que Mistral: ________________
5 Número de autores hispanohablantes que lo han recibido hasta ahora: ________________
6 Número de escritores chilenos que han ganado un Nobel: ________________
7 Número de escritores de España que tienen un Nobel de Literatura: ________________
8 Número de países hispanohablantes en los que algún escritor ha recibido un Nobel: ________________

1 **otorgar** verleihen

5 Escuchar

a Escucha el reportaje y marca con una cruz el título más adecuado. título correcto = 2 puntos ☐ de 2

☐ El tráfico en Madrid
☐ La historia del metro de Madrid
☐ Las líneas de metro más famosas
☐ Viajar en las grandes ciudades europeas

b Escucha otra vez el reportaje y contesta a las preguntas. una respuesta correcta = 1 punto ☐ de 5

1 ¿Cuándo empezaron a construir el metro de Madrid?

___

2 ¿Cuánto tiempo tardaron en construirlo?

___

3 ¿Cuánto costó el primer billete?

___

4 ¿Cuántas estaciones de metro hay?

___

5 ¿En qué ciudades existen metros más largos? Nombra tres.

___

6 Escribir

Decide con un/a compañero/-a cuántos de los 6 puntos recibes. Valorad el uso del idioma (= 3 puntos) y el contenido (= 3 puntos). ☐ de 6

Elige una actividad.

1 Vas a visitar Madrid durante las vacaciones del instituto con tus amigos de clase. Estáis planeando todo: desde los vuelos, el alojamiento, las comidas, hasta las actividades que vais a realizar en grupo.
Escribe un e-mail de unas 150 palabras a la oficina de turismo de Madrid en el que pides toda la información que necesitáis. Pregunta también si existe algún descuento[1] para grupos de jóvenes.
2 Después de leer tanta información sobre Madrid, has decidido que la vida en la ciudad no es algo para ti. Escribe un texto de unas 150 palabras justificando por qué prefieres vivir en el campo en vez de en la ciudad.

Evaluación ☐ de 43

0 — 43

¡Ánimo! Los consejos te van a ayudar. ¡Seguro que puedes hacerlo mejor! ¡Muy bien! Sigue así.

Consejos para mejorar

palabras	Repasa el vocabulario de las *Unidades* 5 y 6. En la página 131 de las estrategias encuentras consejos para aprender vocabulario.
gramática	Lee la información sobre las oraciones condicionales irreales de pasado en la página 19 de la gramática. Además, en la página 12 se explica la formación del pretérito pluscuamperfecto de subjuntivo y en la página 9 la del condicional compuesto.
hablar	Antes de empezar a hablar, organiza tu presentación y toma algunos apuntes. ¿Qué ves en la imagen? ¿Qué tipo de edificios hay? Si algo te llama especialmente la atención, no olvides mencionarlo. Lee el punto 9a de las estrategias (p. 143) si necesitas más consejos para describir una imagen.
leer	En primer lugar lee con atención el texto y subraya las palabras clave. Así, cuando leas el texto, podrás encontrar más fácilmente la información que necesitas para completar las frases. En las páginas 132 y 133 encuentras más consejos sobre este tema.
escuchar	Antes de escuchar, lee con atención los títulos y las preguntas para saber qué información del audio te interesa. Fíjate bien en los pronombres interrogativos (cuándo, cuánto, cuántas ...) porque te indican qué tipo de información estás buscando. Si quieres leer más consejos, busca en la página 135 de las estrategias.
escribir	Si decides hacer la primera opción, recuerda que tienes que usar un lenguaje adecuado para un e-mail formal. Si haces la segunda opción, piensa bien en tus argumentos y toma apuntes antes de empezar escribir. No te olvides de corregir tu texto con la ayuda de la información de la página 139 de las estrategias.

1 **el descuento** der Rabatt, die Ermäßigung

18 El último fin de semana de Tom en Bogotá

Tom y Gilberto están hablando sobre los últimos días de Tom en Bogotá. Repartid los papeles y haced el diálogo. Completad con las formas correctas de los verbos en futuro simple o en presente de subjuntivo. Empieza Gilberto.

Gilberto

G Oye, Tom, ¿qué ~ (hacer/nosotros) el próximo fin de semana?

T Bueno, mientras tú no **termines** tu reportaje para Buena Onda, no **tendrás** mucho tiempo, ¿verdad?

G Sí, es verdad. Sin embargo ~ (pasar) el fin de semana contigo. ¡Ya no nos queda mucho tiempo juntos!

T Tienes razón ... ¿Sabes si Felipe también **tendrá** tiempo el fin de semana?

G No, no lo sé. Pero me imagino que aunque Felipe ~ (tener) que estudiar mucho, ~ (encontrar) un poco de tiempo para ti.

T Entonces cuando **haga** buen tiempo, **iremos** al Cerro Monserrate, ¿okey?

G Me parece una buena idea. Y después ~ (cenar) con mis padres en tu restaurante favorito.

T Perfecto. ¿Sabes si **habrá** algún concierto el sábado por la noche?

G Sí, hay un concierto con música colombiana. ~ (ir/nosotros) ¡y ~ (quedarse) allí hasta que tú ~ (empezar) a bailar salsa!

T Jeje, entonces **nos quedaremos** allí hasta que ya no **haya** nadie más en la sala.

G Jaja, seguro que a esas horas ~ (haber) gente. Creo que la gente joven ~ (bailar) hasta tarde. Y si Valeria te pregunta si quieres bailar con ella, no ~ (decir/tú) que no ...

T Bueno, vale, lo **pensaré**. Tengo ganas de que **llegue** el próximo fin de semana.

Tom

G Oye, Tom, ¿qué **haremos** el próximo fin de semana?

T Bueno, mientras tú no ~ (terminar) tu reportaje para Buena Onda, no ~ (tener) mucho tiempo, ¿verdad?

G Sí, es verdad. Sin embargo **pasaré** el fin de semana contigo. ¡Ya no nos queda mucho tiempo juntos!

T Tienes razón ... ¿Sabes si Felipe también ~ (tener) tiempo el fin de semana?

G No, no lo sé. Pero me imagino que aunque Felipe **tenga** que estudiar mucho, **encontrará** un poco de tiempo para ti.

T Entonces cuando ~ (hacer) buen tiempo, ~ (ir/nosotros) al Cerro Monserrate, ¿okey?

G Me parece una buena idea. Y después **cenaremos** con mis padres en tu restaurante favorito.

T Perfecto. ¿Sabes si ~ (haber) algún concierto el sábado por la noche?

G Sí, hay un concierto con música colombiana. **Iremos** ¡y **nos quedaremos** allí hasta que tú **empieces** a bailar salsa!

T Jeje, entonces ~ (quedarse/nosotros) allí hasta que ya no ~ (haber) nadie más en la sala.

G Jaja, seguro que a esas horas **habrá** gente. Creo que la gente joven **bailará** hasta tarde. Y si Valeria te pregunta si quieres bailar con ella, no **dirás** que no ...

T Bueno, vale, lo ~ (pensar/yo). Tengo ganas de que ~ (llegar) el próximo fin de semana.

22 ¿Qué sabes de Latinoamérica?

¿Qué sabes de Latinoamérica? Preguntaos en parejas sobre lo que habéis aprendido. *A* empieza. Al final podéis haceros vuestras propias preguntas sobre Latinoamérica. Cada persona prepara al menos dos preguntas más.

A

¿Cuándo llegó Colón a América?
Llegó a América el 12 de octubre de 1492.

~

¿Qué grupo canta la canción "Latinoamérica"?
El grupo Calle 13 canta esa canción.

~

¿De dónde se cree que era Cristóbal Colon?
Era de origen genovés.

~

¿Qué seis países liberó Simón Bolívar?
Liberó Venezuela, Colombia, Panamá, Ecuador, el Perú y Bolivia.

~

¿Adónde quería llegar Colón?
Colón quería llegar a la India.

~

B

~

¿Dónde nació Simón Bolívar?
Nació en Caracas, Venezuela.

~

¿Quiénes apoyaron el viaje de Colón?
Lo apoyaron los reyes españoles, Fernando e Isabel.

~

¿Cuál era el grupo más discriminado en la sociedad colonial?
Eran los africanos.

~

¿Qué se llevó de España a Latinoamérica, el café o el tomate?
El café.

~

¿En qué siglo empezó la lucha por la independencia?
Empezó en el siglo XIX.

2 Andalucía

En los dos mapas faltan nombres de ciudades, ríos, etc. Preguntad a vuestro/-a compañero/-a por los nombres que faltan. Uno/-a elige el mapa A, el otro/la otra el mapa B.

A

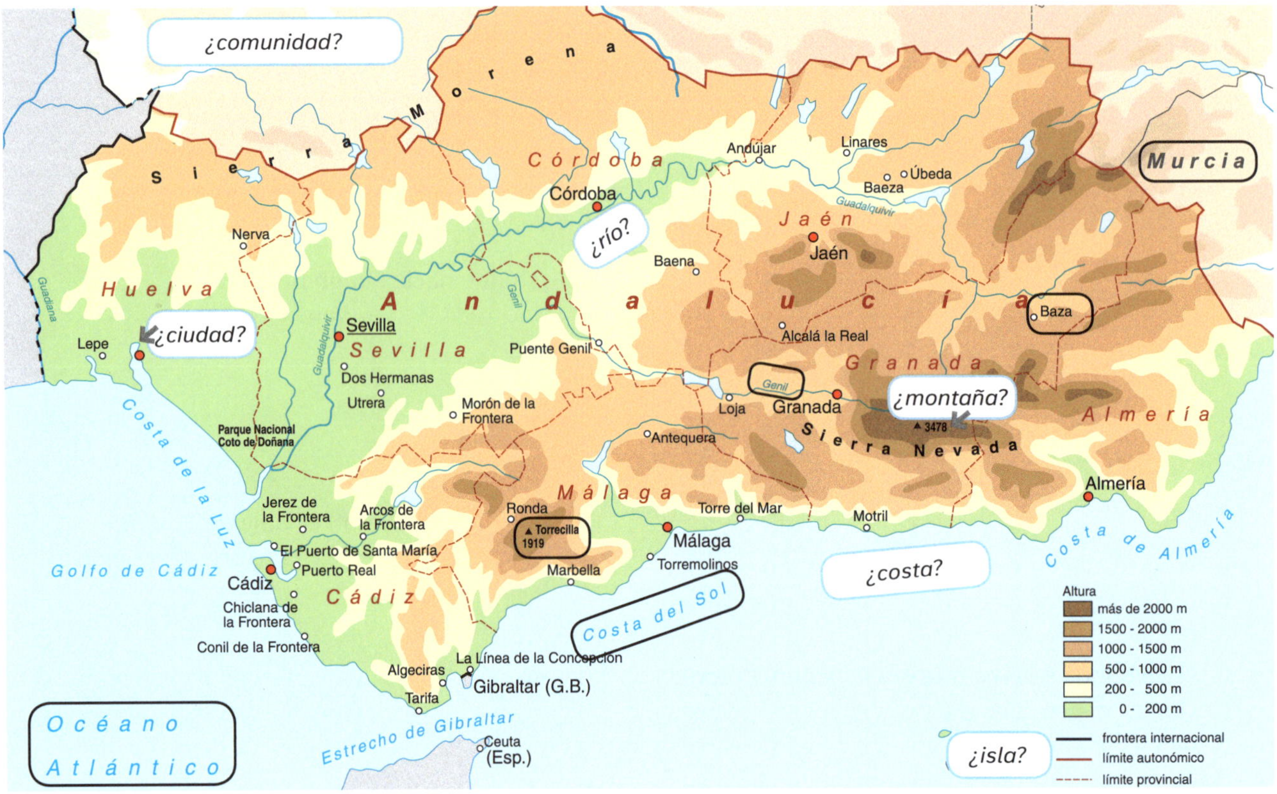

B

5 Después de la fiesta

Julieta habla con su amigo Benjamín sobre su fiesta. Repartid los papeles y haced el diálogo. Completad con las formas correctas del imperfecto de subjuntivo. Empieza Julieta.

Julieta

J Hola, Benjamín. Ayer me alegré mucho de que ~ (poder) estar en mi fiesta. ¡Qué padre que viniste!

B Hola, Julieta. Me encantó que me **invitaras**. Estuvo increíble. También me encantó que **hubiera** tacos al pastor de comer. Son mis favoritos.

J Sí, los míos también ... ¿Qué te parecieron los disfraces reciclados? Me encantó que ~ (venir/tú) disfrazado de botella.

B La verdad es que me preocupaba que los demás **tuvieran** la misma idea, pero al final fui el único, jeje. Me encantó que tu abuelo **se vistiera** de payaso. Me pareció una muy buena idea que la nariz **fuera** una pelota de tenis pintada de rojo.

J Me alegro mucho de que te ~ (gustar) como iba mi abuelo. Al principio tenía un poco de miedo porque no estaba segura de que tú ~ (divertirse) mucho en la fiesta.

B Pues claro que sí ... ¿Oye, tú crees que podrías presentarme a tu primo Índigo? Le quería proponer que **tomáramos** un helado algún día ...

J ¡Hecho! ¿Sabes qué? Él también quería hablar contigo, pero me dijo que no quería que tú ~ (pensar) que era muy pesado.

B ¿De verdad? Ojalá me **hubiera** hablado ...

J No creo que él ~ (saber) que tú también querías hablar con él. Voy a darte su número de móvil y así le escribes un mensaje.

B ¡Gracias, Julieta!

Benjamín

J Hola, Benjamín. Ayer me alegré mucho de que **pudieras** estar en mi fiesta. ¡Qué padre que viniste!

B Hola, Julieta. Me encantó que me ~ (invitar). Estuvo increíble. También me encantó que ~ (haber) tacos al pastor de comer. Son mis favoritos.

J Sí, los míos también... ¿Qué te parecieron los disfraces reciclados? Me encantó que **vinieras** disfrazado de botella.

B La verdad es que me preocupaba que los demás ~ (tener) la misma idea, pero al final fui el único, jeje. Me encantó que tu abuelo ~ (vestirse) de payaso. Me pareció una muy buena idea que la nariz ~ (ser) una pelota de tenis pintada de rojo.

J Me alegro mucho de que te **gustara** como iba a mi abuelo. Al principio tenía un poco de miedo porque no estaba segura de que tú **te divirtieras** mucho en la fiesta.

B Pues claro que sí ... ¿Oye, tú crees que podrías presentarme a tu primo Índigo? Le quería proponer que ~ (tomar/nosotros) un helado algún día ...

J ¡Hecho! ¿Sabes qué? Él también quería hablar contigo, pero me dijo que no quería que tú **pensaras** que era muy pesado.

B ¿De verdad? Ojalá me ~ (haber) hablado ...

J No creo que él **supiera** que tú también querías hablar con él. Voy a darte su número de móvil y así le escribes un mensaje.

B ¡Gracias, Julieta!

2 La situación geográfica del Perú

En los dos mapas faltan nombres de ciudades, ríos, etc. Preguntad a vuestro/-a compañero/-a por los nombres que faltan. Uno/-a elige el mapa A, el otro/la otra el mapa B.

A

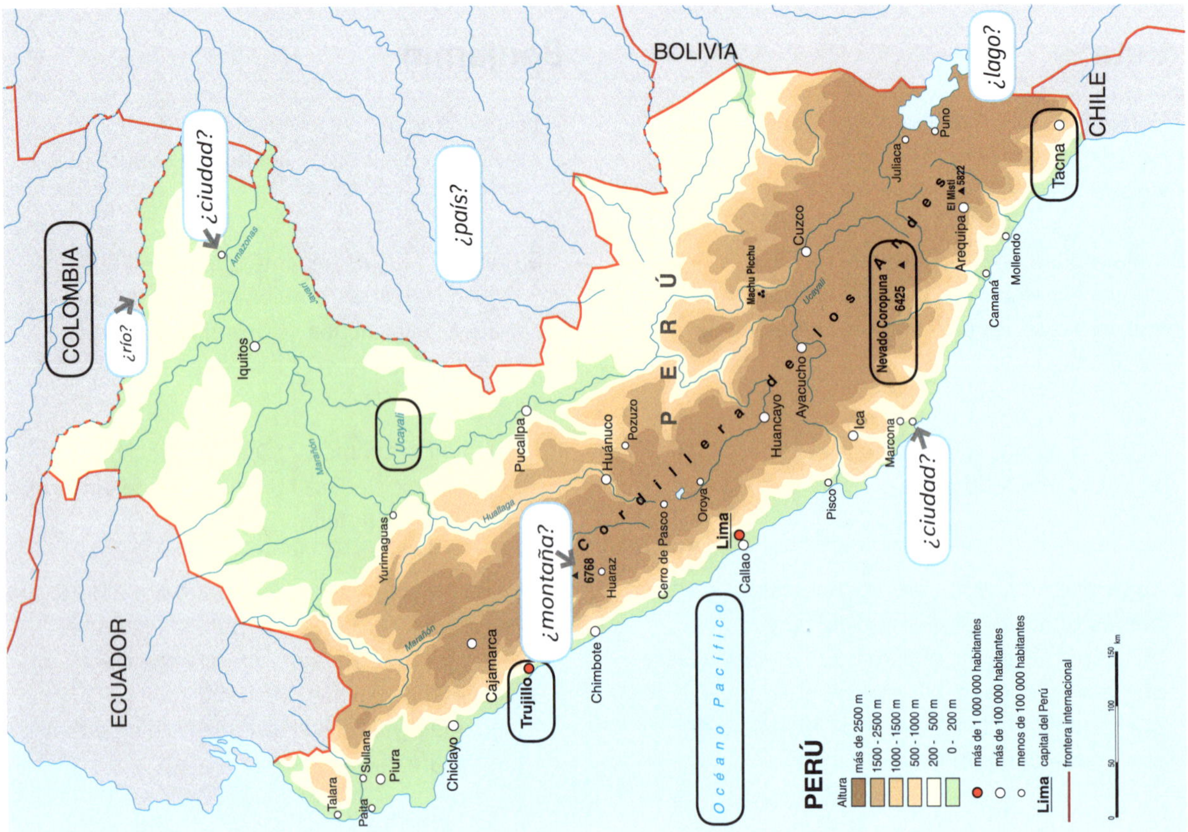

B

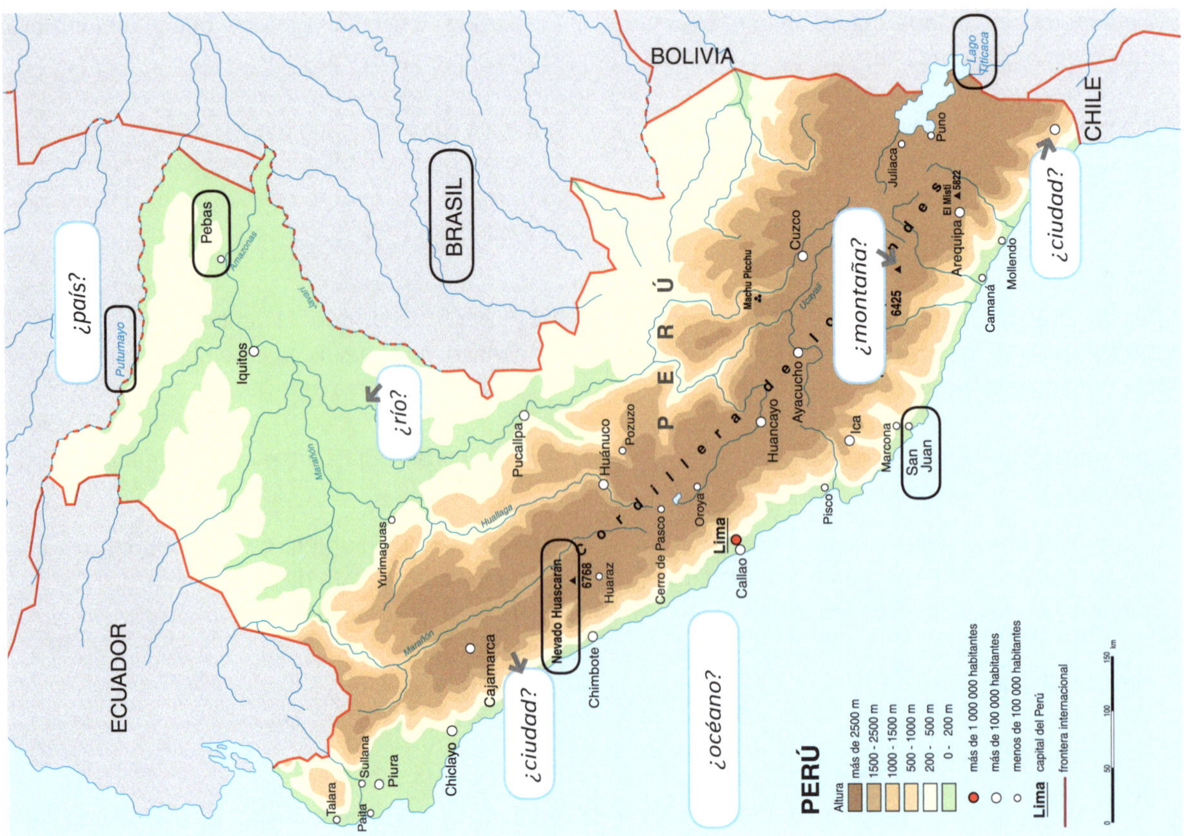

5 Vacaciones en Madrid

Iker ha estado en Madrid y le enseña fotos a su amiga Ximena. Repartid los papeles y haced el diálogo. Completadlo con la forma correcta de los pronombres relativos.

Iker

el/la que · donde · lo que · que

I Mira, Ximena, tengo aquí las fotos ~ he hecho este fin de semana en Madrid. ¿Quieres verlas?

X Vale, pero enséñame solo **las que** más te gusten. Es que no tengo mucho tiempo.

I Muy bien. A ver ... Mira, la Plaza de España, ~ estaba nuestro albergue.

X Ah, el albergue desde **el que** se veía el *skyline* madrileño, ¿no? Ya me hablaste de él.

I Sí, era genial. Había una sala desde ~ las vistas eran impresionantes. Aquí está la foto.

X Pues sí, es una foto impresionante. Se parece a la postal **que** me mandaste.

I Claro, es que la compré en la tienda del albergue ~ estaba llena de fotos y cuadros del *skyline*.

X Ah ... Bueno, entonces ¿**lo que** más te gustó de Madrid fue el albergue?

I Jajaja ¡claro que no! No pasamos mucho tiempo en el albergue. Madrid es un lugar ~ se pueden hacer miles de cosas.

X Sí, es una ciudad muy interesante. Creo que es **la que** más me gusta de España.

I ¿En serio? A mí ~ más me gustan son Tarifa y San Sebastián.

X Claro, son dos de las playas más famosas de España en **las que** puedes hacer surf.

Ximena

el/la que · donde · lo que · que

I Mira, Ximena, tengo aquí las fotos **que** he hecho este fin de semana en Madrid. ¿Quieres verlas?

X Vale, pero enséñame solo ~ más te gusten. Es que no tengo mucho tiempo.

I Muy bien. A ver ... Mira, la Plaza de España, **donde** estaba nuestro albergue.

X Ah, el albergue desde ~ se veía el *skyline* madrileño, ¿no? Ya me hablaste de él.

I Sí, era genial. Había una sala desde **donde** las vistas eran impresionantes. Aquí está la foto.

X Pues sí, es una foto impresionante. Se parece a la postal ~ me mandaste.

I Claro, es que la compré en la tienda del albergue **que** estaba llena de fotos y cuadros del *skyline*.

X Ah ... Bueno, entonces ¿~ más te gustó de Madrid fue el albergue?

I Jajaja ¡claro que no! No pasamos mucho tiempo en el albergue. Madrid es un lugar **donde** se pueden hacer miles de cosas.

X Sí, es una ciudad muy interesante. Creo que es ~ más me gusta de España.

I ¿En serio? A mí **las que** más me gustan son Tarifa y San Sebastián.

X Claro, son dos de las playas más famosas de España en ~ puedes hacer surf.

In die Verbtabellen kannst du die wichtigsten Konjugationen eintragen, die du in diesem Schuljahr lernst. In den Lektionen wird jedes Mal darauf hingewiesen, wenn du hierher blättern und eine Tabelle ausfüllen sollst. Trage die passenden Verbformen ein und ergänze neben den Infinitiven ihre deutsche Bedeutung.

1 Das Futur **El futuro simple**

1.1 Die regelmäßigen Verben **Los verbos regulares**

	trabajar ( )	aprender ( )	consumir ( )
☺			
☺☺			

1.2 Die unregelmäßigen Verben **Los verbos irregulares**

	decir ( )	haber ( )	hacer ( )
☺			
☺☺			

	poder ( )	poner ( )	querer ( )
☺			
☺☺			

	saber ( )	tener ( )	venir ( )
☺			
☺☺			

2 Der Konditional *simple* **El condicional simple**

2.1 Die regelmäßigen Verben **Los verbos regulares**

	hablar ( )	beber ( )	preferir ( )
☺			
☺☺			

2.2 Die unregelmäßigen Verben **Los verbos irregulares**

	decir ( )	haber ( )	hacer ( )
☺			
☺☺			

	poder ( )	poner ( )	querer ( )
☺			
☺☺			

	salir ( )	tener ( )	venir ( )
☺			
☺☺			

3 Der *subjuntivo* Imperfekt **El pretérito imperfecto de subjuntivo**

3.1 Die regelmäßigen Verben **Los verbos regulares**

	quedar ( )	comer ( )	escribir ( )
☺			
☺☺			

3.2 Die unregelmäßigen Verben **Los verbos irregulares**

	ir ( )	ser ( )	ver ( )
☺			
☺☺			

4 Der Konditional *compuesto* **El condicional compuesto**

	haber *(im condicional simple)*	+ participio
☺		
		trabajado
☺☺		bebido
		vivido

5 Der *subjuntivo* Plusquamperfekt **El pretérito pluscuamperfecto de subjuntivo**

	haber *(im imperfecto de subjuntivo)*	+ participio
☺		
		trabajado
☺☺		bebido
		vivido

Portfolio

Me llamo: ______________________

Fecha de nacimiento: ______________________

Instituto: ______________________

Curso: ______________________

Estoy aprendiendo los siguientes idiomas:

____

En casa hablo: ______________________

Con mis amigos hablo: ______________________

Me gustaría aprender también estos idiomas: ______________________

A estos países hispanohablantes me gustaría viajar: ______________________

Puente al Español 2

Mi tema preferido: ______________________

El texto que más me gustó: ______________________

El personaje que más me gustó: ______________________

____

Lo que mejor sé hacer:

- entender textos de audio
- entender textos escritos
- escribir textos
- participar en clase
- hablar sobre un tema interesante

Liebe Schülerin, lieber Schüler!

Die Portfolio-Fragebögen kennst du bereits aus dem letzten Schuljahr. In deinem persönlichen Portfolio-Ordner kannst du nicht nur gelungene Texte sammeln, sondern mithilfe der Fragebögen auch deine momentanen Spanischkenntnisse festhalten.

Einen Portfolio-Fragebogen füllst du immer dann aus, wenn ihr zwei Lektionen im Schülerbuch und im Arbeitsheft abgeschlossen habt und du die *Autocontrol*-Auswertung gemacht hast. Nimm dir kurz Zeit, um für dich einzuschätzen, was du bereits gut beherrschst und was du noch üben solltest.

Zusätzlich findest du zu jedem Punkt einen Verweis auf die passenden Übungen im Schülerbuch (SB) und dem Arbeitsheft (*Cuaderno de actividades*, kurz CdA) und kannst so gezielt einzelne Übungen wiederholen. Hinter jedem Satz kannst du angeben, wie gut du etwas kannst:

✓ Das kann ich gut.

~ Das fällt mir noch schwer.

✗ Das kann ich noch nicht.

Y ahora ... ¡diviértete!

Lesen

Ich verstehe ...

Statements von Jugendlichen.	SB: 1 CdA: 1	☐
einen Liedtext.	SB: 4a	☐
einen Auszug aus einem Jugendroman.	SB: Rdl CdA: 19	☐
einen Zeitungsartikel.	CdA: 14	☐

Hören und Sehen

Ich verstehe ...

einen Vlogbeitrag.	SB: 7b, 7c	☐

Interkulturelles Lernen

Ich kenne/weiß/kann (,) ...

was *botellón* ist.	SB: 2 CdA: 2	☐
welche Sehenswürdigkeiten es in Bogotá gibt.	SB: 12, 15 CdA: 14	☐
die Unterschiede zwischen Hochspanisch und Jugendsprache.	SB: AE	☐

Arbeitstechniken

Ich kann ...

eine Statistik erläutern.	SB: 2	☐
Aussagen sinngemäß in die Zielsprache übertragen.	SB: 8 CdA: 8	☐
ein Audio/Video aufnehmen.	SB: 6c, AF	☐
einen literarischen Text analysieren.	SB: Rdl CdA: 19	☐
Texte korrigieren.	SB: 11 CdA: 5a	☐

Sprechen

Ich kann ...

über meinen Alltag und die Zukunft sprechen.	SB: 1c, 2c, 7a CdA: 4a, 11b	☐
ein Lied kommentieren.	SB: 4b	☐
über Mode diskutieren.	SB: 4c	☐
mich an einem Rollenspiel beteiligen.	SB: 9c, 12b CdA: 15.2	☐
den Laut [g] auf Spanisch richtig aussprechen.	CdA: 20	☐
Begeisterung ausdrücken.	SB: 3 CdA: 3	☐

Hören

Ich verstehe ...

Berichte von Jugendlichen.	SB: 6, 9 CdA: 4	☐
ein Gespräch über Bogotá.	SB: 15 SB: 13	☐
Dialoge in der Jugendsprache.	SB: AE	☐
verschiedene Meinungen über *botellón*.	CdA: 2a	☐

Schreiben

Ich kann ...

einen Text über das Wichtigste im Leben schreiben.	SB: 6c	☐
einen Kommentar verfassen.	SB: 7d CdA: 2c	☐
eine E-Mail schreiben.	SB: 8, 9d CdA: 8, 15.1	☐
einen Tagebucheintrag verfassen.	SB: 10.2, Rdl c	☐
ein *resumen* schreiben.	SB: Rdl a	☐
ein Akrostichon schreiben.	CdA: 7	☐
einen inneren Monolog schreiben.	CdA: 9c	☐

Lesen

Ich verstehe ...

einen Sachtext.	SB: 3, 7b CdA: 4, 12a, 16	☐
einen Liedtext.	SB: 12	☐
eine Legende.	SB U3: Rdl	☐
einen fiktiven Brief.	CdA: 5	☐

Schreiben

Ich kann ...

einen Dialog schreiben.	SB: 4c	☐
einen inneren Monolog verfassen.	SB: 4c	☐
einen Artikel schreiben.	SB: 17	☐
ein Interview erfinden.	SB: 19.1	☐
eine Legende weiterschreiben.	SB: Rdl c	☐
ein *resumen* schreiben.	CdA: 16b	☐
einen Text über ein Land in Lateinamerika verfassen.	CdA: 19	☐

Hören und Sehen

Ich verstehe ...

einen Spielfilmauszug.	SB: 8	☐
ein Musikvideo.	SB: 12d	☐
einen Fernsehbeitrag.	SB: 16b CdA: 22	☐

Interkulturelles Lernen

Ich kenne/weiß (,) ...

wer Simón Bolívar war.	SB: 7, 8 CdA: 12	☐
indigene Völker Lateinamerikas.	SB: 14, AE CdA: 22	☐
wie der 12. Oktober bewertet wird.	CdA: 11	☐

Sprechen

Ich kann ...

über die Geschichte, Geografie und Sehenswürdigkeiten Lateinamerikas sprechen.	SB: 1, 2 CdA: 1, 15, 20	☐
Bilder beschreiben (und interpretieren).	SB: 4, AE	☐
über die koloniale Gesellschaft sprechen.	SB: 5b CdA: 5d	☐
über den Erhalt von Sprachen diskutieren.	SB: 16a, 18	☐
meine Meinung zum 12. Oktober äußern.	CdA: 11b	☐

Hören

Ich verstehe ...

Berichte über indigene Traditionen und Orte.	SB: 13	☐
einen Radiobeitrag über Warenaustausch.	SB: 20b	☐
einen Bericht über Tenochtitlán.	SB. AE	☐
ein Unterrichtsgespräch über Lateinamerika.	CdA: 2	☐
ein Gespräch über den 12. Oktober.	CdA: 10	☐
einen Bericht über Che Guevara.	CdA: 13	☐
ein Gespräch über indigene Sprachen.	CdA: 21	☐

Arbeitstechniken

Ich kann ...

eine Mindmap anlegen.	SB: 2b, 4, 9	☐
unbekannte Wörter erschließen.	SB: 3a CdA: 16a	☐
im Internet recherchieren.	SB: 7c, 14a	☐
eine Präsentation halten und bewerten.	SB: 9, AF	☐
Texte korrigieren.	SB: 11 CdA: 12b, 14	☐
Aussagen sinngemäß in die Zielsprache übertragen.	SB: 17 CdA: 11a	☐

Lesen

Ich verstehe ...

Einträge aus einem Reiseforum.	SB: 2 CdA: 3	☐
einen Zeitungsartikel über Flamenco.	SB: 6	☐
eine Debatte über Gemüseanbau.	SB: 13 CdA: 16	☐
einen Liedtext.	SB: RdI	☐
ein Rezept.	SB: AE	☐
ein Gedicht von F. García Lorca.	CdA: 20	☐

Hören

Ich verstehe ...

einen Podcast über Granada.	SB: 10	☐
ein Quiz über Andalusien.	CdA: 1b	☐
den andalusischen Dialekt.	CdA: 6	☐
die Biografie einer Sängerin.	CdA: 11	☐
einen Dialog über *teterías*.	CdA: 15	☐

Hören und Sehen

Ich verstehe ...

ein Video über Andalusien.	SB: 1b, 5, 11 CdA: 8	☐
einen Vlogbeitrag über die *Semana Santa*.	CdA: 10b	☐

Schreiben

Ich kann ...

ein Forumsbeitrag schreiben.	SB: 7b CdA: 5	☐
eine (offizielle) E-Mail verfassen.	SB: 11b CdA: 10c	☐
einen Kommentar schreiben.	SB: 13c	☐
ein Forumsbeitrag schreiben.	SB U6: 12	☐
einen Artikel verfassen.	SB: 16	☐

Sprechen

Ich kann ...

meine Eindrücke über Andalusien schildern.	SB: 1a, 12 CdA: 7b, 10, 19	☐
Ratschläge geben.	SB: 4	☐
ein Lied beschreiben.	SB: 6a, RdI c	☐
meine Meinung äußern.	SB: 7a	☐
die spanische Intonation korrekt anwenden.	SB: 18	☐
eine andalusische Stadt präsentieren.	SB: AF	☐
eine berühmte Person vorstellen.	CdA: 9	☐

Interkulturelles Lernen

Ich kann/kenne ...

Informationen über Andalusien geben.	SB: 1, 9, 11 CdA: 2, 8	☐
eigene und fremde kulturelle Traditionen reflektieren.	SB: 6d, 7 CdA: 7	☐
das Plastikmeer von Almería und seine Auswirkungen.	SB: 12, 13	☐
den Nationalpark Coto de Doñana.	SB: 15, 16	☐
einige berühmte Andalusier.	SB: RdI CdA: 8, 9, 11, 20	☐
die Traditionen der *Semana Santa*.	CdA: 10	☐

Arbeitstechniken

Ich kann ...

unbekannte Wörter erschließen.	SB: 6b	☐
im Internet recherchieren.	SB: 15 CdA: 9	☐
Aussagen sinngemäß in die Zielsprache übertragen.	SB: 16 CdA: 12	☐
ein Audio/Video aufnehmen.	SB: AF, AE d	☐
ein Lied/Gedicht analysieren.	SB: RdI CdA: 20	☐
eine Präsentation halten.	CdA: 9	☐

Lesen

Ich verstehe ...		
Foreneinträge zum Thema Umweltschutz.	SB: 3 CdA: 3	☐
einen Zeitungsartikel und dazugehörige Leserkommentare.	SB: 7 CdA: 9	☐
einen Sachtext.	SB: Rdl	☐
einen Liedtext.	CdA: 1	☐

Hören und Sehen

Ich verstehe ...		
ein Video über das spanische Müllsystem.	SB: 13	☐
einen kurzen Animationsfilm.	SB: AE	☐

Schreiben

Ich kann ...		
ein *resumen* schreiben.	SB: 8	☐
einen Kommentar verfassen.	SB: 9b CdA: 7c	☐
eine E-Mail Schreiben.	SB: 13b, 15, 16.1 CdA: 11	☐
einen Text über Umweltschutz schreiben.	SB: Rdl d	☐

Interkulturelles Lernen

Ich kann/weiß (,) ...		
was das Projekt “ecosurf” ist.	SB: 7	☐
wie in Spanien recycelt wird.	SB: 13	☐
Recycling und Konsumverhalten reflektieren.	SB: 13b CdA: 8	☐
wer die Band Bomba Estéreo ist.	CdA: 1	☐

Sprechen

Ich kann ...		
Fotos beschreiben und meine Gedanken dazu formulieren.	SB: 1	☐
über Umweltschutz sprechen.	SB: 2c, 6b, 9c CdA: 7b	☐
irreale Bedingungen formulieren.	SB: 11 CdA; 12	☐
ein Rollenspiel präsentieren.	SB: 16.2	☐
mich an einer Debatte beteiligen.	SB: AF CdA: 15	☐
einen Animationsfilm synchronisieren.	SB: AE d	☐
Wünsche formulieren.	CdA: 6	☐
Ergebnisse präsentieren.	SB: 16.3, AE e CdA: 14	☐

Hören

Ich verstehe ...		
ein Gespräch über Umweltschutz.	SB: 2	☐
einen Bericht über Recycling in Deutschland.	SB: 6	☐
ein Lied.	CdA: 1b	☐
einen Podcast von einer Person, die keinen Abfall produziert.	CdA: 7	☐

Arbeitstechniken

Ich kann ...		
argumentieren und diskutieren.	SB: 2c CdA: 7b, 8b, 15	☐
Lese- bzw. Seherwartungen formulieren.	SB: 7a, AE a	☐
Wortschatz erschließen.	SB: 3d, 7b	☐
mit dem Wörterbuch arbeiten.	SB: 9c CdA: 10c-d	☐
Texte korrigieren.	SB: 8b, 14	☐
Aussagen singngemäß in die Zielsprache übertragen.	SB: 15 CdA: 11	☐

Lesen

Ich verstehe ...

einen Steckbrief über Peru.	SB: 2a CdA: 1	☐
ein Interview zum Fairen Handel.	SB: 4 CdA: 6	☐
einen Zeitungsartikel.	SB: 11, AE	☐
Forumsbeiträge über die Inka.	SB: 12 CdA: 13	☐
eine Legende.	SB: Rdl	☐
ein Rezept.	CdA: 4	☐

Hören

Ich verstehe ...

ein Quiz über Peru.	SB: 2c	☐
ein Interview über Fairen Handel.	SB: 10b	☐
einen Bericht über das Dorf-/Stadtleben in Peru.	SB: 17	☐
ein Einkaufsgespräch.	CdA: 11	☐
einen Reisebericht.	CdA: 17	☐

Hören und Sehen

Ich verstehe ...

ein Werbevideo über Peru.	SB: 1b	☐
ein Erklärvideo über die Inka.	SB: 15 CdA: 3	☐

Schreiben

Ich kann ...

einen Artikel über Peru schreiben.	SB: 3 CdA: 1b	☐
einen Kommentar verfassen.	SB: 4d	☐
eine E-Mail schreiben.	SB: 9, 19	☐
eine Postkarte schreiben.	CdA: 20	☐

Sprechen

Ich kann ...

über eine Statistik sprechen.	SB: 8	☐
mich über Unpünktlichkeit austauschen.	SB: 11a, 11b	☐
irreale Bedingungen in der Vergangenheit ausdrücken.	SB: 14 CdA: 14	☐
Bilder beschreiben und miteinander vergleichen.	SB: 16 CdA: 9	☐
über die Vor- und Nachteile vom Stadt-/Landleben diskutieren.	SB: 17c	☐
mich mit einem Partner/einer Partnerin auf ein Reiseprogramm einigen.	SB: 20	☐
über Musik sprechen.	SB: AE	☐
eine peruanische Persönlichkeit vorstellen.	CdA: 16	☐

Interkulturelles Lernen

Ich kann ...

Informationen über Peru geben.	SB: 1, 2a, 8 CdA: 1, 2, 16	☐
mir kulturspezifische Vorstellungen von Pünktlichkeit bewusst machen.	SB: 11	☐
Traditionen der Inka benennen.	SB: 12, 15	☐
einige peruanische Persönlichkeiten nennen.	SB: AE CdA: 17	☐

Arbeitstechniken

Ich kann ...

im Internet recherchieren.	SB: 3, 15b, AE b CdA: 21a	☐
Redewendungen umschreiben und anwenden.	SB: 7a CdA: 8	☐
mit dem Wörterbuch arbeiten.	SB: 7 CdA: 9b	☐
Aussagen sinngemäß in die Zielsprache übertragen.	SB: 9, 19 CdA: 19	☐
eine Präsentation halten.	SB: 20b, AF CdA: 16	☐

Lesen

Ich verstehe ...

Sachtexte über berühmte Plätze in Madrid.	SB: 3 CdA: 3	☐
die Biografie von Miguel de Cervantes.	SB: 15 CdA: 10	☐
eine Zeitungskolumne.	SB: Rdl	☐
Steckbriefe von Stadtvierteln.	CdA: 7a	☐
einen Romanauszug.	CdA: 11	☐

Schreiben

Ich kann ...

eine (offizielle) E-Mail schreiben.	SB: 12, 20 CdA: 13, 15	☐
die eigene Stadt in einem Text vorstellen.	SB: 8	☐
eine Biografie verfassen.	SB: 17	☐
ein *resumen* schreiben.	CdA: 11c	☐

Hören und Sehen

Ich verstehe ...

einen Nachrichtenbeitrag über den *World Pride Day* in Madrid.	SB: AE b	☐
ein Infovideo über Madrid.	CdA: 1	☐

Arbeitstechniken

Ich kann ...

ein Audio/Video aufnehmen.	SB: 8	☐
eine Präsentation halten.	SB: 9, 11, AE d	☐
Aussagen sinngemäß in die Zielsprache übertragen.	SB: 12 CdA: 15	☐
mit dem Wörterbuch arbeiten.	SB: 16 CdA: 4	☐
Texte korrigieren.	SB: 20b CdA: 10, 13b	☐

Sprechen

Ich kann ...

über eigene Interessen und Vorlieben sprechen.	SB: 2 CdA: 1c	☐
muletillas anwenden.	SB: 6c, 6d	☐
ein Gemälde/Plakat beschreiben.	SB: 11b	☐
wiedergeben, was jemand in der Vergangenheit gesagt hat.	SB: 13, 14 CdA: 8	☐
über Schriftsteller sprechen.	SB: 18c	☐
Wegbeschreibungen geben.	CdA: 2	☐

Hören

Ich verstehe ...

das Touristenprogramm für ein Wochenende in Madrid.	SB: 1	☐
ein Gespräch/einen Bericht über das Leben in Madrid.	SB: 6 CdA: 7b	☐
Verkaufsgespräche an einem Kiosk.	SB: 10	☐
ein Gespräch über Literatur.	SB: 18	☐
einen Radiobeitrag.	CdA: 9	☐
einen Bericht über das Fußballstadion von Real Madrid.	CdA: 12	☐

Interkulturelles Lernen

Ich kann/weiß/kenne(,) ...

Sehenswürdigkeiten in Madrid benennen.	SB: 2, 3 CdA: 1	☐
muletillas anwenden.	SB: 6c, 6d	☐
welche spanische Printmedien es gibt.	SB: 9, 10	☐
einige spanische Maler.	SB: 11, 12	☐
wer Miguel de Cervantes war.	SB: 15	☐
das Instituto Cervantes.	SB: 18	☐
madrilenische Feste und Traditionen.	SB: AE	☐

Autocontrol 1

1 **1** el/la libertador/a / **2** vender / **3** joven / **4** consumir / **5** la desigualdad / **6** amable / **7** la conquista; el/la conquistador/a / **8** la reina; el virreinato / **9** reconocer / **10** la esclavitud

2a ¿Por qué se olvidan las tradiciones?

2b **1** Yesid ya no usa su idioma porque lo ha olvidado.
2 Yesid es de Vapués, que se encuentra en la frontera entre Colombia y Brasil.
3 Su familia tuvo que irse del pueblo por los problemas que hay entre los grupos armados y el Gobierno.
4 Muchos jóvenes indígenas no conocen sus tradiciones porque en la ciudad sus padres no pueden enseñárselas.
5 En Villavicencio viven más de 70 familias que viven una situación parecida a la de Yesid.
6 Esas familias quieren ayuda del Gobierno para volver a su tierra o, por lo menos, vivir en un lugar donde puedan mantener sus tradiciones.

3 **1** fue / **2** nació / **3** vivían / **4** era/fue / **5** tuvo / **6** hablaba/ había aprendido / **7** fue / **8** se dio cuenta / **9** tenía / **10** había aprendido/hablaba / **11** hablaba/ había aprendido / **12** bautizó / **13** era/fue / **14** tuvo

4 *Mögliche Lösung*
Primera imagen: En esta foto veo a una mujer con un niño muy pequeño en primer plano. Parece que están haciendo las compras en un mercado. Al fondo de la imagen hay mucha gente que está caminando. También podemos ver a varias personas que están vendiendo y comprando cosas. Creo que la mujer y el niño son indígenas. Llevan ropa que puede ser del Perú o de Bolivia. Es alegre y de muchos colores. Las calles son de tierra, no parece un lugar muy rico.
Segunda imagen: En esta foto podemos ver en primer plano a cuatro jóvenes, tres chicos y una chica. Están en la parte de arriba de una montaña. Creo que acababan de subir la montaña cuando les hicieron esta foto. Parecen felices y también un poco cansados. Seguro que están muy orgullosos porque han conseguido llegar hasta ahí. Hace sol, pero están a bastante altitud y por eso se ven muchas nubes en el cielo. Pienso que se trata de un día de verano o primavera. No hay nada de nieve. Los chicos llevan ropa de deporte. Tres de ellos llevan una chaqueta, porque seguro que en la parte de arriba de la montaña hace bastante frío.

5 **1** C, J / **2** E / **3** A, G / **4** F, I

6 **1** harás / **2** haré / **3** terminaremos / **4** pensaré / **5** Irás / **6** iré / **7** vendrán/irán / **8** podremos / **9** tendrá / **10** pasaréis / **11** querrá

7 *Mögliche Lösung**
Dentro de quince años, el niño de la segunda foto tendrá veintiún años. Vivirá en Bogotá, en un apartamento con dos amigos. Sus padres y su hermana vivirán en un pueblo pequeño cerca de Bogotá. Trabajará en una fábrica de coches. Su mayor hobby serán los coches, como cuando era pequeño. Por eso, su trabajo le gustará mucho. Los fines de semana hará excursiones a la montaña con sus amigos. En una de esas excursiones conocerá a su novia Amanda.

Autocontrol 2

1 la alimentación = die Ernährung, la asociación = der Verein, la contaminación = die Verschmutzung, el contenedor = der Container, la expansión = die Ausdehnung, la expresión = der Ausdruck, el reciclaje = das Recycling, el seguidor = der Follower, el senderismo = das Wandern, el sonido = der Klang/der Ton, el trabajador = der Arbeiter, la visualización = der Videoaufruf

2 *Mögliche Lösung*
A: Como a mí me gusta tanto la comida española, me gustaría ir de tapas por el barrio de Triana.
B: A mí me apetece más estar en la naturaleza. En el Parque Nacional de Doñana viven muchísimos animales y hay paisajes increíbles. ...

3 *Mögliche Lösung*
1 Si no viviera en Granada, no conocería tanto la cultura árabe.
2 Si no fuera de Granada, no podría hablar en Buena Onda de ella.
3 Podríamos visitar otras ciudades si volvieras el año que viene.
4 Si no conociera Andalucía, no sería locutor de Buena Onda.
5 ¿Qué harías tú si vivieras más cerca de Andalucía?
6 ¿Volvieras otra vez a Granada si tus padres fueran contigo?

4a 1947: nace (en Cádiz)
1962: hace su primer disco
1973: sale el álbum *Fuente y Caudal*
2014: muere en México

4b **1** a / **2** c / **3** b / **4** b

4c **1** Cádiz, México / **2** su hermano Pepe

5 *Mögliche Lösung**
En un mundo perfecto no habría pobreza ni desigualdades sociales. Todas las personas vivirían de forma digna y tendrían un buen trabajo. Tendrían, también,

una casa donde vivir y buenos alimentos para comer. En mi mundo perfecto no habría enfermedades. Tampoco existirían las guerras ni la violencia. Todos viviríamos en paz y nos ayudaríamos unos a otros. Viajar sería muy fácil y todos podríamos vivir en el país que quisiéramos. Además, la gente protegería mucho el medio ambiente y no existiría la contaminación. En el mundo perfecto que me imagino, ningún niño tendría que trabajar. Todos los niños y niñas podrían ir a la escuela, aprender y jugar.

6a *Coge 3* y su lucha contra el plástico en las costas

6b **1** La ONG *Coge 3* quiere proteger el mar del peor enemigo de la naturaleza: el plástico.
2 Según la ONG, se llama así porque desean que cada persona que vaya a un lugar natural recoja del suelo tres piezas de basura.
3 La idea para el proyecto "Los viernes sin plástico" nació porque se dieron cuenta de que la mayoría de los plásticos son envases de un solo uso.
4 Este proyecto trata de que una vez a la semana, la gente deje de usar plásticos y productos empaquetados.

6c **1** Hacen acciones en las playas y costas y organizan charlas y talleres en colegios. Además hicieron un viaje en bicicleta por el norte de España e hicieron talleres en algunas escuelas de surf.
2 Porque así se interesa mucha gente y cada vez más personas participan en los proyectos.

Autocontrol 3

1a **1** usar / **2** comenzar, empezar / **3** distinto / **4** la ocasión / **5** internacional / **6** a finales de / **7** los aficionados / **8** después, detrás / **9** permanecer / **10** desaparecer

1b **1** el oso / **2** la Nochevieja / **3** el caballo / **4** la torre / **5** la(s) uva(s) / **6** el reloj

2 *Mögliche Lösung*
1 Si yo no hubiera tenido esta oportunidad para trabajar, mi familia habría sufrido mucho.
2 Si mis padres hubieran trabajado en esta cooperativa, mi futuro habría sido diferente.
3 Si no hubiera existido esta posibilidad, mis hijos no habrían estudiado en la universidad.
4 Si tú no me hubieras hecho esta entrevista, muchas personas no habrían conocido mi situación.
5 Si tú no hubieras probado el café de esta cooperativa, no habrías sabido cómo sabe de verdad.
6 Si las personas se hubieran interesado antes por nuestra cooperativa, la situación de muchas familias habría cambiado.

3 *Mögliche Lösung*
En la foto de la izquierda hay una niña y en la foto de la derecha vemos a un chico joven. Creo que la niña no está haciendo mucho, solo está en la foto. Creo que el chico de la derecha tiene una carpeta con apuntes para estudiar. La niña está en el campo: allí no vemos árboles, pero se ven montañas al fondo y un cielo nublado. El chico está en la plaza de una ciudad: al fondo se ven algunas casas, plantas y un bar o restaurante. Creo que la niña vive en una pequeña casa en el campo y tiene muy pocos vecinos. Para ir al colegio tiene que caminar bastante tiempo porque solo hay un colegio para todos los niños de su comunidad. En el colegio solo hay una clase y aprende con otros niños que son mayores o menores que ella, sin embargo, le gusta mucho. Cuando vuelve a casa, descansa y juega con sus hermanos o en el campo con las llamas. Tiene una vida bastante tranquila, pero la verdad es que a veces tiene que ayudar a sus padres con el trabajo en el campo y es un poco difícil para ella porque es muy pequeña y todavía no es tan fuerte. Por la noche, su madre o su padre le cuentan historias de cuando eran pequeños y después todos van a dormir.

4a **3** El artículo habla del Nobel de Literatura, el premio literario más importante del mundo.

4b **1** 1901 / **2** 1945 / **3** 4 / **4** 4 / **5** 11 / **6** 2 / **7** 5 / **8** 6

5a La historia del metro de Madrid
5b **1** Hace más de 100 años, el 19 de septiembre de 1916.
2 La construcción duró tres años, de 1916 a 1919.
3 El primer billete costó 15 céntimos.
4 En el metro de Madrid hay 302 estaciones.
5 Shanghái, Pekín, Londres, Nueva York, Seúl, Moscú y Tokio

6 *Mögliche Lösung**
1 Buenas tardes: Mi nombre es Annika y soy de Alemania. Mis compañeros de clase y yo vamos a pasar una semana en la capital y nos gustaría saber si como jóvenes europeos podemos obtener algún tipo de descuento en algún albergue juvenil u hotel para personas jóvenes o las comidas en mismo albergue u hotel. También me gustaría preguntar qué actividades podrían realizarse como grupo de 20 personas. Espero que nos puedan aconsejar, tenemos muchas ganas de conocer Madrid. Muchas gracias, espero su respuesta.

** Wenn du bei der Bewertung deines Textes unsicher bist, dann frage deinen Lehrer/deine Lehrerin.*

Unidad 2, página 22, ejercicio 22: Indígenas en el Amazonas

el ritual – das Ritual
el debate – die Debatte
la caseta de madera – das Holzhäuschen
la escama – die Schuppe
ancestral – überliefert
los valores – die Wertvorstellung
la fogata – das Lagerfeuer
la espiritualidad – die Spiritualität

Unidad 3, página 34, ejercicio 19: El problema del agua

el tobogán – die Rutsche
la piscina – das Schwimmbad
el parque acuático – der Wasserpark
el cielo – der Himmel
el aspersor – der Rasensprenger
el campo de golf – der Golfplatz
el césped – der Rasen
colorido/-a – bunt
frondoso/-a – dicht belaubt
seco/-a – trocken

Bildquellen

akg-images GmbH, Berlin: RIA Nowosti 35.1. |Alamy Stock Photo, Abingdon/Oxfordshire: Stark, John 9.2; Tsuni 29.4. |Alamy Stock Photo (RMB), Abingdon/Oxfordshire: age fotostock 54.3; agefotostock 62.3; Chin, Robert K. 42.1; ClassicStock 57.5; Jesus Hellin 2.1; John Warburton-Lee Photography 19.3; Press2000 29.3; Sputnik 18.1; ZUMA Press 8.1; © Peter Eastland 62.4. |Bridgeman Images, Berlin: Index/ BRIDGEMANART.COM 16.1. |CAMINITO s.a.s. Literary Agency, Cesano Maderno (MB): 7.1. |Consejería de Cultura. Junta de Andalucía: Biblioteca Virtual de PostAndalucía / Mairfles Imagen (image) / Granada: Lit. José Mª Ventura Hita, 1950 28.5. |Coordinadora Estatal de Comercio Justo, Madrid: 52.1, 52.2. |Departamento de Atención e Información Turística, Madrid: 59.1. |Domke, Franz-Josef, Wunstorf: 54.1, 54.4, 54.5. |fotolia.com, New York: 31894869 53.3; diosmirnov 25.1; grafikarin 53.12; gustavofrazao 56.4; JonRob 19.4; juanpedro63 45.2; Khvost 53.6; lilli 8 53.9; Lukasz Janyst 28.1; MarcoMonticone 24.2; Mariusz Blach 53.5; Marlee 28.2; Philderstadt 56.3; PhotoSG 53.2; RCH 28.3; siraphol 53.4, 53.8; womue 53.1, 53.7; ykumsri 53.10. |Getty Images, München: 2014 Suzi Pratt 36.1; 2015 Pablo Cuadra 30.3; AFP 40.1; Regidor, Mariano 31.1. |iStockphoto.com, Calgary: AlexCorv 54.8; Andie_Alpion 5.1; Bestfotostudio 28.10; Calomeni, Joseph 2.4; chang 28.6; cicloco Titel; DC_Colombia 56.2; Eliza Snow 28.7; fabio lamanna 19.9; GoranQ 60.1; gradyreese 2.2; Grigory Bibikov 28.9; iShootPhotos 34.3; kelvinjay 62.2; Kseniya Ragozina 19.7; Lya_Cattel 25.2; Manakin 33.1; Mlenny 19.2; monkeybusinessimages Titel; Necip Yanmaz 24.1; nicolamargaret 54.2; olli0815 56.6; pxhidalgo 19.1; Ramos, Gabriel 61.1; Sahmanova, Jekaterina 55.1; sanddebeautheil 57.3; tbradford 56.5; Tuner, Claire 21.1; Vetta 68.1; xeni4ka 54.6; © Chris Ryan 2.5. |Kremer, Kristina, Berlin: 49.1, 49.2, 49.3, 49.4, 49.5, 49.6, 49.7, 49.8. |mauritius images GmbH, Mittenwald: age fotostock/Langstaff, Roy 57.6. |Naumann, Andrea, Aachen: 6.1, 7.2, 7.3, 7.4, 7.5, 7.6, 7.7, 9.1, 10.1, 10.2, 11.1, 11.2, 13.1, 17.2, 17.3, 19.5, 21.2, 22.1, 26.1, 27.1, 37.1, 38.1, 38.2, 38.3, 38.4, 40.2, 40.3, 40.4, 40.5, 40.6, 40.7, 40.8, 40.9, 41.1, 41.2, 41.3, 41.4, 50.1, 51.1, 52.3, 55.2, 58.1, 58.2, 58.3, 58.4, 58.5, 63.1, 64.1, 65.1, 67.1, 67.2, 67.3, 67.4, 67.5, 67.6. |Picture-Alliance GmbH, Frankfurt a.M.: akg-images/Tony Vaccaro 29.2; Lou Avers 15.1. |Shutterstock.com, New York: AlexeMarcel 45.4; BigKnell 30.1; Carlos Sala Fotografia 54.7; Daniel M Ernst 68.2; Iulius Agency 45.1; Kirk Fisher 45.3; Madridismo.Org 29.1; Roberto Tetsuo Okamura 62.1; Roger.Rondon 2.3; saiko3p 56.1; Silvia B. Jakiello 30.2; underworld 34.2; vitmark 57.1. |stock.adobe.com, Dublin: Hamann, Jürgen 57.2; Jose Luis Stephens 19.8, 28.4; kai 20.1; Mammoser, Don 53.11; Matynia, Wiktoria 28.8; mrks_v 32.1; nito 66.1; Solarisys 19.6; yelantsevv 34.1; ¿S 17.1. |vario images, Bonn: Mockford & Bonetti / Eye Ubiquitous 57.4. |Zwick, Joachim, Gießen: 72.1, 72.2, 74.1, 74.2.

Textquellen (Musik)

S. 36: Saumet Avila, Liliana Margarita/Mejía Ochoa, Federico Simón/Castillo Silvera, José: Tierra: EMI Blackwood Music Inc./EMI Music Publishing Germany GmbH, Hamburg/Sony/ATV Latin Music Publishing LLC/Sony/ATV Music Publishing (Germany) GmbH, Berlin.

westermann

Gramática

PUENTE AL ESPAÑOL 3

nueva edición

Inhalt Índice

Im Grammatikheft kannst du alle grammatikalischen Regeln noch einmal nachschlagen.
Du findest in diesem Heft folgende Symbole:

G1	Dieses Thema kannst du in der Grammatik von Band 1 nachlesen.
4 7	Das Grammatikthema wird in Lektion 4, Text 7 eingeführt.
V	Schau dir die Konjugation in den Verbtabellen am Ende des Hefts an.
G3 9.4	Lies den Punkt 9.4 in der Grammatik dieses Bandes.

1 Die Artikel **Los artículos** → G1 1

2 Die Substantive **Los sustantivos** → G1

3 Pronomen und Begleiter **Los pronombres y determinantes**

3.1 Die Fragepronomen und -adverbien **Los pronombres y adverbios interrogativos** → G1

3.2 Die Personalpronomen **Los pronombres personales** → G1 G2

3.3 Die Demonstrativpronomen und -begleiter **Los pronombres y determinantes demostrativos** → G1

3.4 Die Possessivpronomen und -begleiter **Los pronombres y determinantes posesivos** → G2

3.5 Die Indefinitpronomen und -begleiter **Los pronombres y determinantes indefinidos** → G1 G2

3.6 Die Reflexivpronomen **Los pronombres reflexivos** → G1

3.7 Die Relativpronomen **Los pronombres relativos** → G1 G2

Das Relativpronomen *el/la/los/las que* **El pronombre relativo *el/la/los/las que*** → 2 3

Aus Band 1 kennst du das Relativpronomen *que*, das sich auf Personen oder Sachen bezieht.
In den folgenden Fällen wird *que* mit dem bestimmten Artikel verwendet:

wenn kein Bezugswort im Satz enthalten ist	¿Qué ciudad maya os gusta más? **La que** más nos gusta es la de Palenque, en México. Die, die uns am besten gefällt, ist Palenque in Mexiko.
wenn das Verb des Hauptsatzes **ser** ist	Es mi primo **el que** habla quechua. Es ist mein Cousin, der Quechua spricht.
nach **todos/todas**	Todos **los que** visitaron Tikal quieren volver. Alle, die Tikal besucht haben, wollen wiederkommen.

Der Artikel richtet sich nach dem Substantiv, auf das es sich bezieht. Steht das Relativpronomen nach einer Präposition, wird *que* ebenso von einem bestimmten Artikel begleitet. Auch hier richtet sich der Artikel nach dem Bezugswort.

a* **con** **de*** **en** **para** **por** **sin** **sobre**	**el que** **la que** **los que** **las que**	¿Cuál fue el primer lugar **al que** llegaron los españoles? Wie hieß der erste Ort, an dem die Spanier ankamen? La idea **con la que** soñaba Bolívar era una América grande y unida. Die Vorstellung, von der Bolivar träumte, war ein großes geeintes Amerika.

Achte auf die Verschmelzung:
a + el que* = *al que
de + el que* = *del que.

Das Relativpronomen *quien/es* **El pronombre relativo *quien/es*** → 2 3

Das Relativpronomen ***quien/es*** bezieht sich stets auf Personen, nicht auf Gegenstände.
Es steht immer ohne Artikel und wird hauptsächlich in der Schriftsprache verwendet.
Quien/es kann immer durch ***el que***, ***la que*** und ihre Pluralformen ersetzt werden.

*Estas son las palabras de María, **quien** participó en el programa sobre el náhuatl.*
*Este es Julio, **quien** habló contigo por teléfono el otro día.*
*Los españoles, **quienes** buscaban oro y plata, conquistaron nuevos territorios.*
*Las mujeres indígenas, **quienes** querían lo mejor para su familia, protegieron a sus hijos.*

Quien/quienes kann man auch mit Präposition verwenden (anstatt ***que***).

a **con** **de** **en** **para** **por** **sin** **sobre**	**quien** **quienes**	Este es el profesor **de quien** te había hablado. *(= del que)* Las chicas **con quienes** quedamos el otro día, ¿están en tu clase? *(= con las que)* Paulina, **a quien** visitaré en otoño, vive en Guanajuato. *(= a la que)*

4 Die Adjektive **Los adjetivos**

4.1 **Die Bildung der Adjektive El género y número de los adjetivos** → G1

4.2 **Die Stellung und Verkürzung von Adjektiven**
La posición y la apócope de adjetivos → G2

4.3 **Die Substantivierung von Adjektiven**
La sustantivación de los adjetivos → G2

5 Die Steigerung **El comparativo y el superlativo**

5.1 Der Komparativ **El comparativo** → G1

5.2 Der Suplerlativ **El superlativo** → G2

5.3 Der absolute Superlativ **El superlativo absoluto** → 1 1

Wenn du eine Eigenschaft oder einen Zustand maximal steigern möchtest, kannst du den absoluten Superlativ verwenden. Die Endungen lauten ***-ísimo/-a/-os/-as***. Der absolute Superlativ eines Adjektivs wird an das Substantiv angepasst. Bei Adverbien wird der Superlativ hingegen nicht angeglichen.

Der absolute Superlativ eines Adjektivs trägt immer einen Akzent auf dem ersten i der Endung.
rápido → ***rapidísimo***

Bei Adjektiven oder Adverbien, die auf Vokal enden, ersetzt du den Vokal durch die Endung:
*La fiesta fue **divertidísima**. Die Party war total lustig.*
*Celia ha trabajado **muchísimo**. Celia hat sehr viel gearbeitet.*

Endet das Adjektiv oder Adverb auf einen Konsonanten, wird die Endung direkt angehängt:
*Estos ejercicios son **facilísimos**. Diese Übungen sind kinderleicht.*
*Estoy **malísimo**. Mir geht es total schlecht.*

Gelegentlich werden von der femininen Form des absoluten Superlativs auch Adverbien auf **-mente** abgeleitet.
*Le conté lo que me había pasado y me llamó **rapidísimamente**.*
Ich erzählte ihm/ihr, was mir passiert war, und er/sie rief mich sehr schnell an.

Damit die Aussprache des Adjektivs erhalten bleibt, ändert sich bei einigen Adjektiven die Schreibweise:

c → qu	poco → po**qu**ísimo, rico → ri**qu**ísimo
g → gu	largo → lar**gu**ísimo
vor i und e: z → c	feliz → feli**c**ísimo

Es gibt keine direkte Entsprechung im Deutschen. Du kannst den absoluten Superlativ mit *äußerst, extrem, total, unglaublich* oder mit anderen Ausdrücken wie *bildhübsch, sündhaft teuer* etc. übersetzen.

6 Die Adverbien **Los adverbios** → G2

7 Die Präpositionen **Las preposiciones** → G1

8 Die Verben **Los verbos**

8.1 Die Konjugationsgruppen **Las conjugaciones** → G1

8.2 *Ser*, *estar* und *hay* ***Ser*, *estar* y *hay*** → G1 G2

8.3 Die Modalverben **Los verbos modales** → G1

8.4 Die reflexiven Verben **Los verbos reflexivos** → G1

8.5 *Saber* oder *poder*? **¿*Saber* o *poder*?** → G1

8.6 *Ir* oder *venir*? *Traer* oder *llevar*? **¿*Ir* o *venir*? ¿*Traer* o *llevar*?** → G1

8.7 Die Verbalperiphrasen **Las perífrasis verbales**

8.7.1 Die nahe Zukunft ***Ir a* + infinitivo** → G1

8.7.2 *Acabar de* + Infinitiv ***Acabar de* + infinitivo** → G1

8.7.3 Die Verlaufsform ***Estar* + gerundio** → G1

8.7.4 Weitere Verbalperiphrasen **Otras perífrasis verbales** → G2

8.8 Der Indikativ **El indicativo**

8.8.1 Das Präsens **El presente** → G1

8.8.2 Das *indefinido* **El pretérito indefinido** → G1

8.8.3 Das Perfekt **El pretérito perfecto** → G2

8.8.4 Perfekt oder *indefinido*? **¿Pretérito perfecto o pretérito indefinido?** → G2

8.8.5 Das Imperfekt **El pretérito imperfecto** → G2

8.8.6 Imperfekt oder *indefinido*? **¿Pretérito imperfecto o pretérito indefinido?** → G2

8.8.7 Das Plusquamperfekt **El pretérito pluscuamperfecto** → G2

8.8.8 Das Futur **El futuro**

- Das *futuro simple* **El futuro simple** → 1 12 → V

- Die regelmäßigen Formen **Las formas regulares**

Die Endungen des *futuro simple* sind bei allen drei Konjugationsgruppen gleich.
Bei den regelmäßigen Formen werden sie an den Infinitiv angehängt.
Bis auf die 1. Person Plural tragen alle Formen auf der Endung einen Akzent.

pasar	ver	escribir
pasar**é**	ver**é**	escribir**é**
pasar**ás**	ver**ás**	escribir**ás**
pasar**á**	ver**á**	escribir**á**
pasar**emos**	ver**emos**	escribir**emos**
pasar**éis**	ver**éis**	escribir**éis**
pasar**án**	ver**án**	escribir**án**

Abgesehen von den Akzenten entsprechen die Endungen des *futuro simple* den Endungen von *haber* im Präsens.

haber
he
has
ha
hemos
habéis
han

- Die unregelmäßigen Formen **Las formas irregulares**

Diese Verben haben einen unregelmäßigen Stamm, an den die Endungen angehängt werden.

poner salir tener valer venir	pon**dr**- sal**dr**- ten**dr**- val**dr**- ven**dr**-	**-é** **-ás** **-á** **-emos** **-éis** **-án**	Die Vokale ***e*** und ***i*** der Infinitiv-Endung werden zu ***d***.
haber poder querer saber	hab**r**- pod**r**- quer**r**- sab**r**-		Das ***e*** der Infinitiv-Endung fällt weg.
decir hacer	**dir**- **har**-		Der Stamm ist unregelmäßig.

hay → habrá

- **Der Gebrauch El uso**

Das *futuro simple* verwendest du:

um über zukünftige mögliche Handlungen oder Zustände zu sprechen.	*Cuando venga Alejandro a nuestra casa,* ***haremos** muchas cosas juntos.* *Wenn Alejandro zu uns (nach Hause) kommt,* *werden wir viele Sachen gemeinsam unternehmen.*
für Annahmen oder Vermutungen, die sich auf die Gegenwart beziehen.	*¿Enrique **será** simpático?* *Ist Enrique wohl sympathisch?* *¿Cuánto **costará** el viaje a Londres?* *Was kostet wohl die Reise nach London?* *No sé, **costará** unos 150 euros.* *Ich weiß nicht, sie wird wohl ca. 150 Euro kosten.*
in realen Bedingungssätzen. → G2 9.4	*Si Tom no está muy cansado,* ***podremos** enseñarle un poco de la ciudad.* *Wenn Tom nicht zu müde ist,* *können wir ihm ein wenig die Stadt zeigen.*

- Das *futuro compuesto* **El futuro compuesto*** → 3 13

Ereignisse und Handlungen, die zu einem bestimmten Zeitpunkt in der Zukunft bereits geschehen sind, werden mit dem *futuro compuesto* ausgedrückt. Es wird mit dem *futuro simple* des Hilfsverbs ***haber*** und dem Partizip des Hauptverbs gebildet. Das Partizip bleibt immer unverändert.

haber *(im futuro simple)*	**participio**
habré habrás habrá habremos habréis habrán	lleg**ado** com**ido** ven**ido**

*En dos semanas **habré terminado** el reportaje.*

Mit dem ***futuro compuesto*** kannst du auch Vermutungen ausdrücken, die sich auf eine bereits geschehene Handlung beziehen:
*Ya **habrán recibido** el paquete.* *Sie werden das Paket schon bekommen haben.*

8.8.9 Der Konditional **El condicional**

- Der Konditional *simple* **El condicional simple** → 3 2 → V

- Die regelmäßigen Formen **Las formas regulares**

Im *condicinal simple* haben alle Konjugationsgruppen dieselben Endungen. Die erste und die dritte Person Singular sind identisch. Bei den regelmäßigen Verben werden die Endungen direkt an den Infinitiv angehängt. Achte darauf, dass alle Formen auf dem ***-í-*** einen Akzent tragen.

trabajar	**comer**	**escribir**
trabajar**ía**	comer**ía**	escribir**ía**
trabajar**ías**	comer**ías**	escribir**ías**
trabajar**ía**	comer**ía**	escribir**ía**
trabajar**íamos**	comer**íamos**	escribir**íamos**
trabajar**íais**	comer**íais**	escribir**íais**
trabajar**ían**	comer**ían**	escribir**ían**

Die Endungen des *condicional simple* entsprechen den Endungen des *pretérito imperfecto* der Verben auf *-er/-ir*.

decir
dec**ía**
dec**ías**
dec**ía**
dec**íamos**
dec**íais**
dec**ían**

- Die unregelmäßigen Formen **Las formas irregulares**

Die unregelmäßigen Stämme des *condicional simple* entsprechen denen des *futuro simple*.

poner salir tener valer venir	pon**dr**- sal**dr**- ten**dr**- val**dr**- ven**dr**-	-**ía** -**ías** -**ía** -**íamos** -**íais** -**ían**
haber poder querer saber	hab**r**- pod**r**- quer**r**- sab**r**-	
decir hacer	**dir**- **har**-	

hay → habría

Verwechsle **querría** *(condicional simple)* nicht mit **quería** *(imperfecto)*.

→

*rezeptiv

Der Gebrauch **El uso**

Du verwendest den *condicional simple* für:

höfliche Bitten	*¿**Podrías** ayudarme con los deberes?* *Könntest du mir mit den Hausaufgaben helfen?*
Wünsche	*A Lily le **gustaría** viajar a México.* *Lily würde gerne nach Mexiko reisen.*
hypothetische Sachverhalte in der Gegenwart oder Zukunft	*Ramón **podría** encontrar a su padre en Venezuela.* *Ramón könnte seinen Vater in Venezuela treffen.*
irreale Bedingungssätze → G3 9.4	*Si la gente no tirara la basura a la playa, vendrían más turistas.* *Wenn die Leute keinen Müll an den Strand werfen würden, kämen mehr Touristen.*

El idioma

Der *condicional simple* entspricht in etwa dem *conditional* im Englischen und dem *conditionnel* im Französischen.

Could you help me with my homework, please?
Pourrais-tu m'aider à faire mes devoirs?

Der Konditional *compuesto* **El condicional compuesto** → 5 4

Die Bildung **La formación**

Der *condicional compuesto* besteht aus zwei Teilen, die immer zusammengehören. Der erste Teil ist das Hilfsverb ***haber*** im *condicional simple*, der zweite das Partizip des entsprechenden Hauptverbs.

haber *(im condicional simple)*	**participio**
habría habrías habría habríamos habríais habrían	lleg**ado** com**ido** ven**ido**

Der Gebrauch **El uso**

Du verwendest den *condicional compuesto* für die Beschreibung von unerfüllten Wünschen, nicht eingetretenen Ereignissen oder nicht mehr zu verwirklichenden Empfehlungen oder Ratschlägen. Der *condicional compuesto* kann außerdem im Hauptsatz eines irrealen Bedingungssatzes in der Vergangenheit stehen.

unerfüllte Wünsche	*Me **habría gustado** conocer a mi abuelo.* *Ich hätte gerne meinen Großvater kennengelernt.*
nicht eingetretene Ereignisse	*Con más dinero **habría ido** a esquiar a los Andes.* *Hätte ich mehr Geld, wäre ich in den Anden Ski gefahren.*
nicht mehr zu verwirklichende Empfehlungen oder Ratschläge	*Yo que tú **habría hecho** la excursión a Machu Picchu.* *Ich an deiner Stelle hätte den Ausflug nach Machu Picchu gemacht.*
irreale Bedingungssätze der Vergangenheit → G3 9.4	*Si hubiera tenido más tiempo, **habría visitado** también la capital.* *Wenn ich mehr Zeit gehabt hätte, hätte ich auch die Hauptstadt besichtigt.*

8.9 Der Imperativ **El imperativo** → G1 G2

8.10 Der *subjuntivo* **El subjuntivo**

8.10.1 Der *subjuntivo* Präsens **El presente de subjuntivo** → G2 8

8.10.2 Der *subjuntivo* Imperfekt **El pretérito imperfecto de subjuntivo** → 4 3

Die Bildung **La formación**

Der *pretérito imperfecto de subjuntivo* wird für alle Verben aus dem Stamm der 3. Person Plural des *indefinido* abgeleitet. Die Endsilbe *-ron* wird dabei durch die Endungen des *pretérito imperfecto de subjuntivo* ersetzt, die für alle Verben gleich sind.

hablar **(ellos) habla**ron	**comer** **(ellos) comie**ron	**escribir** **(ellos) escribie**ron
habla**ra**	comie**ra**	escribie**ra**
habla**ras**	comie**ras**	escribie**ras**
habla**ra**	comie**ra**	escribie**ra**
habl**áramos**	comi**éramos**	escribi**éramos**
habla**rais**	comie**rais**	escribie**rais**
habla**ran**	comie**ran**	escribie**ran**

Nur die 1. Person Plural trägt einen Akzent!

hay → hubiera

decir **(ellos) dije**ron	**estar** **(ellos) estuvie**ron	**ir/ser** **(ellos) fue**ron
dije**ra**	estuvie**ra**	fue**ra**
dije**ras**	estuvie**ras**	fue**ras**
dije**ra**	estuvie**ra**	fue**ra**
dij**éramos**	estuvi**éramos**	fu**éramos**
dije**rais**	estuvie**rais**	fue**rais**
dije**ran**	estuvie**ran**	fue**ran**

hablar
habla**se**
habla**ses**
habla**se**
habl**ásemos**
habla**seis**
habla**sen**

Das *imperfecto de subjuntivo* wird auch auf ***-se*** gebildet – nach den gleichen Ableitungsregeln wie bei ***-ra***. Beide Endungen sind in ihrer Bedeutung gleich. Sie werden in etwa gleich oft verwendet. Es genügt aber, wenn du nur die Formen auf ***-ra*** aktiv beherrschst.

Der Gebrauch **El uso**

Das *pretérito imperfecto de subjuntivo* wird unter anderem wie das *presente de subjuntivo* verwendet, allerdings bezogen auf die Vergangenheit.

Bezug auf die Gegenwart *(presente de subjuntivo)*	*No creo que **hoy en día** mucha gente **viaje** en avión.* *Ich glaube nicht, dass heutzutage viele Leute mit dem Flugzeug verreisen.*
Bezug auf die Vergangenheit *(pretérito imperfecto de subjuntivo)*	*No creo que **antes** mucha gente **viajara** en avión.* *Ich glaube nicht, dass früher viele Leute mit dem Flugzeug verreist sind.*

Weitere Verwendungen des *pretérito imperfecto de subjuntivo* findest du auf Seite 12.

→

Man verwendet das *pretérito imperfecto de subjuntivo* außerdem(,)

wenn das einleitende Hauptverb in der Vergangenheit steht und ein Auslöser für den *subjuntivo* ist.	*Yo **no creía** que tanta gente **practicara** surf en el Perú.* *Ich dachte nicht, dass in Peru so viele Leute surfen (würden).*
wenn das einleitende Hauptverb im Konditional steht.	*Te **aconsejaría** que **colaboraras** en una ONG.* *Ich würde dir raten, bei einer ONG mitzumachen.*
wenn man einen eher unwahrscheinlichen Wunsch ausdrücken möchte.	*Ojalá **vengan** todos mis amigos a la manifestación. (eher wahrscheinlich)* *Hoffentlich kommen all meine Freunde zur Demo.* *Ojalá **vinieran** todos mis amigos a la manifestación. (eher unwahrscheinlich)* *Wenn doch alle meine Freunde zur Demo kommen würden!*
in irrealen Bedingungssätzen der Gegenwart, das heißt, wenn die Bedingung unwahrscheinlich ist. → G3 9.4	*Si **tuviera** tiempo, ayudaría en una ONG.* *Wenn ich Zeit hätte, würde ich in einer ONG helfen.*

8.10.3 Der *subjuntivo* Plusquamperfekt **El pretérito pluscuamperfecto de subjuntivo** → 5 12

▪ Die Bildung **La formación**

Wie das *pretérito pluscuamperfecto* im Indikativ besteht das *pretérito pluscuamperfecto* im *subjuntivo* aus zwei Teilen, die immer zusammengehören. Der erste Teil ist das Hilfsverb ***haber*** im *imperfecto de subjuntivo*, der zweite Teil ist das Partizip des entsprechenden Hauptverbs.

haber *(im imperfecto de subjuntivo)*		**participio**
hubiera	hubiese	
hubieras	hubieses	lleg**ado**
hubiera	hubiese	com**ido**
hubiéramos	hubiésemos	ven**ido**
hubierais	hubieseis	
hubieran	hubiesen	

▪ **Der Gebrauch El uso**

Den *pretérito pluscuamperfecto de subjuntivo* verwendest du(,)

um eine Vorvergangenheit auszudrücken, und zwar wenn der *subjuntivo* verlangt wird.	*Luz fue al Perú en abril. No creo que **hubiera estado** allí antes.* *Luz war im April in Peru. Ich glaube nicht, dass sie vorher schon mal dort gewesen ist.*
für einen nicht mehr erfüllbaren Wunsch.	*Ojalá **hubiéramos visitado** el casco antiguo de Arequipa.* *Hätten wir nur die Altstadt von Arequipa besichtigt!*
für irreale Vergleiche.	*Mi hermana me mira como si **hubiera visto** un fantasma.* *Meine Schwester schaut mich an, als hätte sie einen Geist gesehen.*
in irrealen Bedingungssätzen der Vergangenheit. → G3 9.4	*Si **hubiera hecho** mejor tiempo, habríamos hecho surf en Lima.* *Wäre das Wetter besser gewesen, wären wir in Lima surfen gegangen.*

8.11 Der Gebrauch des *subjuntivo* El uso del subjuntivo → G2

Der *subjuntivo* in Hauptsätzen **El subjuntivo en oraciones principales***

In Band 2 hast du bereits gelernt, dass du Wünsche mit ***ojalá*** + *subjuntivo* ausdrücken kannst. Je nachdem, wie wahrscheinlich die Erfüllung des Wunsches ist, verwendest du *presente*, *pretérito imperfecto* oder *pretérito pluscuamperfecto de subjuntivo*.

ojalá + *presente de subjuntivo*	***Ojalá*** *no* ***llueva*** *hoy.* *Hoffentlich regnet es heute nicht.*	Die Erfüllung des Wunsches ist noch möglich.
ojalá + *pretérito imperfecto de subjuntivo*	***Ojalá*** *no* ***lloviera*** *hoy.* *Wenn es heute nur nicht regnen würde.*	Die Erfüllung des Wunsches ist sehr unwahrscheinlich.
ojalá + *pretérito pluscuamperfecto de subjuntivo*	***Ojalá*** *no* ***hubiera llovido*** *hoy.* *Es wäre schön gewesen, wenn es heute nicht geregnet hätte.*	Die Erfüllung des Wunsches ist nicht mehr möglich.

Der *subjuntivo* im Nebensatz **El subjuntivo en frases subordinadas**

Der *subjuntivo* wird häufig in Nebensätzen verwendet und steht nach folgenden Auslösern (Verben und unpersönlichen Ausdrücken):

A Wunsch/Wille Expresiones de deseos → G2

Wunsch	**desear que** **esperar que** **querer que**	wünschen hoffen, erwarten wollen	*Queremos que nos* ***enviéis*** *vuestros consejos.*
Ratschlag	**recomendar que** **aconsejar que** **proponer que**	empfehlen raten vorschlagen	*Te recomiendo que* ***hables*** *con tus padres.*
Bitte	**pedir que**	bitten	*Te pido que me* ***ayudes*** *con este problema.*
Erlaubnis	**permitir que**	erlauben	*Mi madre permite que Raquel se* ***quede*** *a dormir.*
Verbot	**prohibir que**	verbieten	*Mis padres prohíben que mis amigos* ***vengan*** *los domingos a mi casa.*

B Gefühle Expresiones de sentimientos → G2

Freude	**alegrarse de que** **estar contento/-a de que**	sich freuen froh sein	*Me alegro de que* ***puedas*** *venir a mi fiesta.*
Bedauern	**sentir que**	bedauern	*Siento mucho que no* ***tengas*** *tiempo para salir.*
Gefallen	**gustar que** **encantar que**	gefallen erfreuen	*Me encanta que* ***hagas*** *este programa conmigo.*
Vorlieben	**preferir que**	bevorzugen	*Prefiero que* ***discutamos*** *este tema en el foro.*
Ärger/ Missfallen	**molestar que**	stören	*¿Te molesta que* ***abra*** *la puerta?*
Angst	**tener miedo de que**	Angst haben	*Iker tiene miedo de que Ximena ya no* ***quiera*** *verlo.*

→

*rezeptiv

C Unpersönliche Ausdrücke mit *ser* Expresiones impersonales con *ser* → G2

Bewertung	Es	normal que lógico que importante que necesario que mejor/peor que probable que posible que increíble que ... que	*Es importante que* ***tengáis*** *cuidado con las citas a ciegas.* *Es probable que* ***quedemos*** *en un bar.* *Es mejor que no* ***salgas*** *sola.* *Es increíble que* ***tengáis*** *tantos amigos.*

D Verneinte Meinungsäußerungen Expresiones de opinión y duda → 4 3

Zweifel	**dudar que** **no estar seguro/-a de que**	*Dudo que el chico* ***vaya*** *a la cita.* *No estoy seguro de que el chico* ***vaya*** *a la cita.*
Verneinte Meinungsäußerungen	**no creer que** **no pensar que** **no decir que**	*No creo/pienso/digo que Raquel* ***quiera*** *salir conmigo.*
	no es verdad que **no es cierto que** **no es seguro que**	*No es verdad/cierto/seguro que* ***esté*** *enamorada de mí.*

Werden die Verben der Meinungsäußerung (*creer que, pensar que, estar seguro de que, es cierto que, es verdad que, es seguro que*) nicht verneint, dann wird der Indikativ verwendet.
Creo que *él* ***está*** *enamorado de ella, pero* ***no creo que*** *ella* ***esté*** *enamorada de él.*

Subjuntivo nach Konjunktionen
Subjuntivo después de conjunciones → G2

Folgende Konjunktionen werden mit dem *subjuntivo* verwendet, wenn sich die Subjekte in Haupt- und Nebensatz unterscheiden.

antes de que + *subjuntivo*	**Antes de que termine** el programa vamos a escuchar un poco de música. *Bevor das Programm endet, werden wir etwas Musik hören.*
para que + *subjuntivo*	Hemos invitado a dos expertos **para que** nos **hablen** de la huerta de Europa. *Wir haben zwei Experten eingeladen, damit sie uns vom Gemüsegarten Europas erzählen.*
sin que + *subjuntivo*	Alejandro no quiere terminar el programa **sin que** Rafael y Carlota **den** sus argumentos. *Alejandro will das Programm nicht beenden, ohne dass Rafael und Carlota ihre Argumente nennen.*

Die Konjunktionen *cuando, hasta que, mientras* und *aunque* können sowohl mit dem Indikativ als auch mit dem *subjuntivo* verwendet werden.

Mit ***cuando*** und ***hasta que*** + ***indicativo*** drückt man Gewohnheiten in der Gegenwart und Tatsachen in der Vergangenheit aus.
Mit ***cuando*** und ***hasta que*** + ***subjuntivo*** drückt man mögliche Handlungen in der Zukunft aus.

cuando + indicativo		cuando + subjuntivo	→ 1 12
***Cuando hace** buen tiempo, me gusta ir al Cerro Monserrate.* *Wenn (= immer wenn) schönes Wetter ist, fahre ich gern zum Cerro Monserrate.*	Gewohnheiten in der Vergangenheit *(immer wenn)*	***Cuando haga** buen tiempo, iremos con Tom al Cerro Monserrate.* *Wenn (= sobald) das Wetter schön ist, werden wir mit Tom zum Cerro Monserrate fahren.*	mögliche Handlungen in der Zukunft *(sobald)*
***Cuando llegó** Tom, los esperaban todos en el aeropuerto.* *Als Tom ankam, warteten am Flughafen alle auf ihn.*	Tatsachen in der Vergangenheit *(als)*	***Cuando tengas** dinero, cómprate una bicicleta nueva.* *Wenn (= sobald) du Geld hast, kauf dir ein neues Fahrrad.*	Der Hauptsatz steht hier oft in der Zukunft.

hasta que + indicativo		hasta que + subjuntivo	→ 1 17
*Siempre espero aquí **hasta que llega** Felipe.* *Ich warte immer hier, bis Felipe kommt.*	Gewohnheiten in der Gegenwart *(bis)*	*Vamos a esperar aquí **hasta que llegue** Felipe.* *Wir werden hier warten, bis Felipe kommt. (= Es ist nicht sicher, ob bzw. wann er kommen wird.)*	mögliche Handlungen in der Zukunft *(bis)*
*Esperé aquí **hasta que llegó** Felipe.* *Ich habe hier gewartet, bis Felipe kam.*	Tatsachen in der Vergangenheit *(bis)*		

Mit ***mientras*** + ***indicativo*** drückt man eine feststehende Tatsache und die Gleichzeitigkeit zweier Handlungen in der Gegenwart oder Vergangenheit aus.
Mit ***mientras*** + ***subjuntivo*** drückt man eine Bedingung aus, die eine Wirkung bis in die Zukunft haben kann.

mientras + indicativo		mientras + subjuntivo	→ 1 17
***Mientras hago** los deberes, escucho música.* *Während ich Hausaufgaben mache, höre ich Musik.*	Gleichzeitigkeit in der Gegenwart *(während)*	***Mientras** no **termine** los deberes, no puedo salir.* *Solange ich die Hausaufgaben nicht beende, kann ich nicht rausgehen.*	Bedingung *(solange)*

Mit ***aunque*** + ***indicativo*** drückt man eine feststehende Tatsache aus.
Mit ***aunque*** + ***subjuntivo*** drückt man hypothetische Annahmen *(auch wenn)*, Gleichgültigkeit oder Distanzierung *(egal ob)* aus.

aunque + indicativo		aunque + subjuntivo	→ 1 1
***Aunque** Gilberto **tiene que** estudiar mucho, va a recoger a Tom al aeropuerto.* *Obwohl Gilberto viel lernen muss, wird er Tom vom Flughafen abholen. (= Gilberto muss tatsächlich viel lernen.)*	Tatsachen *(obwohl)*	***Aunque** Gilberto **tenga que** estudiar mucho, va a recoger a Tom al aeropuerto.* *Selbst wenn Gilberto viel lernen muss, wird er Tom vom Flughafen abholen. (= Es ist nicht sicher, ob Gilberto viel lernen muss.)*	Annahmen *(auch wenn, selbst wenn)*

9 Der Satzbau **La sintaxis**

9.1 Die Verneinung **La negación** → G1

9.2 Die indirekte Rede **El estilo indirecto**

- Die indirekte Rede ohne Zeitverschiebung
  El estilo indirecto sin cambio del tiempo verbal → G1 G2

- Die indirekte Rede mit Zeitverschiebung
  El estilo indirecto con cambio del tiempo verbal* → 6 13

Wird die indirekte Rede mit einem Verb in einer Vergangenheitszeit eingeleitet, kann sich die Zeit der direkten Rede ändern.

Zeit des einleitenden Verbs	
p. indefinido	*Dijo que …* *Preguntó qué/si …*
p. imperfecto	*Decía que …* *Preguntaba qué/si …*
p. pluscuamperfecto	*Había dicho que …/* *Había preguntado qué/si …*

Zeitverschiebung

presente → imperfecto
futuro inmediato → imperfecto
pretérito perfecto → pluscuamperfecto
futuro simple → condicional simple
indefinido → pluscuamperfecto/ indefinido

estilo directo	*Lina:*	**estilo indirecto**	*Lina dijo que …*
presente	*"Yo **preparo** el programa."*	→ imperfecto	*ella **preparaba** el programa.*
futuro inmediato	*"Yo **voy a preparar** el programa."*	→ imperfecto	*ella **iba a preparar** el programa.*
pretérito perfecto	*"Yo **he preparado** el programa."*	→ pluscuamperfecto	*ella **había preparado** el programa.*
futuro simple	*"Yo **prepararé** el programa."*	→ condicional simple	*ella **prepararía** el programa.*
indefinido	*"Yo **preparé** el programa."*	→ pluscuamperfecto/ indefinido	*ella **había preparado/ preparó** el programa.*

El idioma

Auch im Englischen und Französischen ändert sich die Zeit des Verbs in der indirekten Rede.

*Do you **like** my new jeans? – She asked me if I **liked** her new jeans.*
*Tu **as fini**? – Il m'a demandé si **j'avais fini**.*

imperfecto	*Lina: "Yo siempre **preparaba** el programa."*	→ imperfecto	*Dijo que ella siempre **preparaba** el programa.*
pluscuamperfecto	*Lina: "Yo ya **había preparado** el programa."*	→ pluscuamperfecto	*Dijo que ella ya **había preparado** el programa.*
condicional simple	*Lina: "Yo **prepararía** el programa."*	→ condicional simple	*Dijo que ella **prepararía** el programa.*

Imperfecto, pluscuamperfecto und *condicional simple* bleiben in der indirekten Rede unverändert.

*nur für Baden-Württemberg

presente de subjuntivo	*Lina: "Ojalá Daniel **prepare** el programa."*	→ imperfecto de subjuntivo	*Dijo que ojalá Daniel **preparara** el programa.*
pretérito perfecto de subjuntivo	*Lina: "Ojalá Daniel **haya preparado** el programa."*	→ pluscuamperfecto de subjuntivo	*Dijo que ojalá Daniel **hubiera preparado** el programa.*

imperfecto de subjuntivo	*Lina: "Ojalá Daniel **preparara** el programa."*	→ imperfecto de subjuntivo	*Dijo que ojalá Daniel **preparara** el programa.*
pluscuamperfecto de subjuntivo	*Lina: "Ojalá Daniel **hubiera preparado** el programa."*	→ pluscuamperfecto de subjuntivo	*Dijo que ojalá Daniel **hubiera preparado** el programa.*

Imperfecto de subjuntivo und *pluscuamperfecto de subjuntivo* bleiben in der indirekten Rede ebenfalls unverändert.

Unabhängig von der Zeit des einleitenden Verbs können sich Zeit- und Ortsangaben ändern.

estilo directo	estilo indirecto
hoy	ese/aquel día/ayer/el lunes ...
ayer	el día anterior
mañana	al/el día siguiente
ahora	en ese/aquel momento
la próxima semana	(a) la semana siguiente
este año	ese/aquel año
...	...
aquí/acá/allí	ahí/allá/en aquel lugar

Auch in der indirekten Rede der Vergangenheit müssen Verben, Pronomen und Begleiter in Abhängigkeit von der Perspektive des Sprechers verändert werden.

In der indirekten Rede kann – je nachdem, wo sich der Sprecher/die Sprecherin befindet – ***ir*** zu ***venir*** und ***llevar*** zu ***traer*** werden.

9.3 Satzverbindungen **Tipos de oraciones** → G1

- Nebensatzverkürzungen mit Infinitiv
  Acortamiento de oraciones subordinadas con infinitivo → 6 5

Im Spanischen treten Konstruktionen mit Infinitiv häufig an die Stelle von Nebensätzen.

Mit den Präpositionen **antes de, después de** und **hasta + infinitivo** können temporale Nebensätze verkürzt werden. Wenn man diese Präpositionen in Verbindung mit dem Infinitiv nutzt, muss das Subjekt im Hauptsatz und im Nebensatz identisch sein.

Antes de visitar *el Museo del Prado, tenéis que comprar las entradas.*	***Bevor*** *ihr das Prado-Museum besucht, müsst ihr die Tickets kaufen.*
Después de ver *el partido en el estadio, me hice aficionado del Atlético de Madrid.*	***Nachdem*** *ich das Spiel im Stadion gesehen hatte, wurde ich Fan von Atlético Madrid.*
Aprendí la biografía de Cervantes hasta poder hacer una presentación sin ayuda.	*Ich lernte die Biografie von Cervantes bis ich eine Präsentation ohne Hilfe halten konnte.*

Mit der Präposition **para + infinitivo** können finale Nebensätze verkürzt werden. Es wird also der Zweck oder das Ziel eine Handlung oder eines Objekts angegeben.

Para ir *a la Plaza de Castilla, tienes que coger el metro.*	***Um zur*** *Plaza de Castilla zu fahren, musst du die U-Bahn nehmen.*
Un monumento sirve ***para recordar*** *a una persona o un acontecimiento.*	*Ein Denkmal dient dazu, um an eine Person oder ein Ereignis zu erinnern.*

In allen vier Fällen werden Reflexiv- und Objektpronomen immer an den Infinitiv angehängt:

Antes de ayudarte*, tengo que hacer los deberes.*
Después de divertirnos *en el estadio, fuimos a cenar en un restaurante.*
Alejandro le va a escribir todos los días a su novia ***hasta verla*** *de nuevo.*
Celia siempre saca muchas fotos ***para acordarse*** *de los momentos bonitos.*

9.4 Die Bedingungssätze **Las frases condicionales**

- Reale Bedingungssätze **Las frases condicionales reales** → G2

▪ Irreale Bedingungssätze **Las frases condicionales irreales** → 4 7 5 12

Je nachdem, wie wahrscheinlich es ist, dass eine Bedingung erfüllt werden kann, musst du zwischen realen und irrealen Bedingungssätzen unterscheiden. Die irrealen Bedingungssätze geben eine Voraussetzung oder eine Bedingung an, die eher unwahrscheinlich ist oder nicht mehr erfüllt werden kann.

A Unwahrscheinlich

Soll eine Bedingung ausgedrückt werden, deren Erfüllung unwahrscheinlich, aber theoretisch noch möglich ist, steht das Verb im Bedingungssatz im *imperfecto de subjuntivo* und im Hauptsatz im *condicional simple*.

si-Satz (Nebensatz/Bedingung)		**Hauptsatz**	
imperfecto de subjuntivo	*Si la gente no **tirara** la basura a la playa,* *Wenn die Leute keinen Müll an den Strand werfen würden,*	***vendrían** más turistas.* *kämen mehr Touristen.*	condicional simple
	*Si **supiera** hacer tablas de surf con botellas de plástico,* *Wenn ich Surfbretter aus Plastikflaschen machen könnte,*	*lo **haría**.* *würde ich es tun.*	

Im Bedingungssatz steht niemals *condicional simple*!

B Unmöglich

Wenn die Bedingung nicht erfüllt wurde bzw. nicht mehr erfüllt werden kann, steht das Verb im Bedingungssatz im *pluscuamperfecto de subjuntivo* und im Hauptsatz im

– *condicional simple* für Ergebnisse, die die Gegenwart betreffen.
– *condicional compuesto* für Ergebnisse, die die Vergangenheit betreffen.

si-Satz (Nebensatz/Bedingung)		**Hauptsatz**	
pluscuamperfecto de subjuntivo	*Si **hubieras estado** en clase,* *Wärst du in der Klasse/beim Unterricht gewesen,*	***sabrías** de qué hablamos.* *wüsstest du, worüber wir sprechen.*	condicional simple (Bezug zur Gegenwart)
	*Si **hubieras sabido** que el curso era gratis,* *Hättest du gewusst, dass der Kurs umsonst ist,*	*lo **habrías** hecho.* *hättest du ihn gemacht.*	condicional compuesto (Bezug zur Vergangenheit)

Im Bedingungssatz steht niemals *condicional compuesto*!

Auch bei den irrealen Bedingungssätzen kann der Hauptsatz vor dem Bedingungssatz stehen. Dann setzt man kein Komma.
Habrías hecho el curso si hubieras sabido que era gratis.

9.5 Die Passiversatzform mit *se* und das Vorgangspassiv La pasiva refleja y la voz pasiva

Die Passiversatzform mit *se* **La pasiva refleja** → 3 2

Das unpersönliche Pronomen *man* wird im Spanischen mit ***se*** und der 3. Person Singular oder Plural ausgedrückt. Anders als im Deutschen richtet sich die Verbform dabei nach dem Bezugswort.

*En Andalucía **se** toma gazpacho.*
In Andalusien isst man Gazpacho.

*En el flamenco **se** usan castañuelas.*
Beim Flamenco werden Kastagnetten benutzt.

Steht ein reflexives Verb im Satz, dann wird ***uno*** anstatt *se* verwendet.
*En el Albaicín **uno** se pierde fácilmente.*
Im Albaicín kann man sich schnell verlaufen.

Man muss wird im Spanischen mit **hay que** übersetzt.
*Para ir a la Alhambra **hay que** tomar el autobús.*
Um zur Alhambra zu gelangen, muss man den Bus nehmen.

Das Vorgangspassiv **La voz pasiva*** → 2 3

Anders als im Deutschen wird das Passiv in der gesprochenen spanischen Sprache selten gebraucht. Wenn möglich, bildet man den Satz aktiv oder man verwendet den Passiversatz mit ***se*** (s. oben). Das Vorgangspassiv findet man häufig in Berichten über geschichtliche Themen, in Zeitungen sowie in der Juristen- und Verwaltungssprache.

Die *voz pasiva* wird mit einer Form des Verbs ***ser*** und dem Partizip gebildet. Das Partizip ist veränderlich und richtet sich in Geschlecht und Zahl nach dem Subjekt des Satzes. Die handelnde Person wird mit der Präposition ***por*** ergänzt.

ser + participio (+ por)	
Singular	*El nuevo continente **fue descubierto por** Colón.* *Der neue Kontinent wurde von Kolumbus entdeckt.*
	*La isla Guanahani **fue bautizada** San Salvador.* *Die Insel Guanahani wurde San Salvador getauft.*
Plural	*Los habitantes **fueron llamados** indios **por** los conquistadores.* *Die Einwohner wurden von den Eroberern Indios genannt.*
	*Las religiones de los indígenas no **fueron respetadas por** los conquistadores.* *Die Religionen der Indigenen wurden von den Eroberern nicht respektiert.*

Das Vorgangspassiv kann in allen Zeiten stehen – auch im *subjuntivo*.
*El próximo domingo **será celebrado** el Día de la Independencia de México.* (futuro simple)
*Es increíble que muchos indígenas todavía **sean discriminados** en sus países.* (subjuntivo)

*nur für Baden-Württemberg (rezeptiv)

10 Zahlen, Uhrzeit und Datum **Los números, la hora y la fecha**

10.1 Die Zahlen **Los números** → G1 G2

1	uno/-a, un	**21**	veintiuno/-a, veintiún	**101**	ciento uno/-a, ciento un
2	dos	**22**	veintidós	**112**	ciento doce
3	tres	**23**	veintitrés	**200**	doscientos/-as
4	cuatro	**24**	veinticuatro	**300**	trescientos/-as
5	cinco	**25**	veinticinco	**400**	cuatrocientos/-as
6	seis	**26**	veintiséis	**500**	**quinientos/-as**
7	siete	**27**	veintisiete	**600**	seiscientos/-as
8	ocho	**28**	veintiocho	**700**	**setecientos/-as**
9	nueve	**29**	veintinueve	**800**	ochocientos/-as
10	diez	**30**	treinta	**900**	**novecientos/-as**
11	once	**31**	treinta y uno/-a, treinta y un	**1000**	mil
12	doce	**32**	treinta y dos	**2000**	dos mil
13	trece	**33**	treinta y tres		
14	catorce	**40**	cuarenta	**10 000**	diez mil
15	quince	**50**	cincuenta	**30 000**	treinta mil
16	dieciséis	**60**	sesenta	**100 000**	cien mil
17	diecisiete	**70**	setenta	**500 000**	quinientos/-as mil
18	dieciocho	**80**	ochenta	**1 000 000**	un millón
19	diecinueve	**90**	noventa	**2 000 000**	dos millones
20	veinte	**100**	cien	**500 000 000**	quinientos millones

10.2 Die Uhrzeit **La hora** → G1

10.3 Das Datum **La fecha** → G1

11 Orts-, Zeit- und Mengenangaben
Indicaciones de lugar, de tiempo y de cantidad → G1

12 Grammatische Begriffe **Términos gramaticales**

en español	en alemán	ejemplo
el adjetivo	das Adjektiv	*simpático/-a*
el adverbio	das Adverb	*muy, fácilmente*
la apócope	die Verkürzung	*un **buen** restaurante*
el artículo	der Artikel	*el, la, los, una*
la coma	das Komma	
el comparativo	der Komparativ	*Iker es **más alto que** Alejandro.*
el complemento directo	das direkte Objekt	*Vamos a ver **el nuevo piso**.*
el complemento indirecto	das indirekte Objekt	***A Paulina le** gustan los perros.*
el condicional simple	der Konditional I	*hablaría*
el condicional compuesto	der Konditional II	*habría hablado*
la conjugación	die Konjugation	*hablé, hablaste*
la conjunción	die Konjunktion	*cuando, pero*
el determinante	der Begleiter	***muchos** coches*
el determinante posesivo	der Possessivbegleiter	*mi, tu, su*
estar + gerundio	die Verlaufsform	*estoy hablando*
el estilo directo	die direkte Rede	*Iker: "Soy de San Sebastián."*
el estilo indirecto	die indirekte Rede	***Dice que** es de San Sebastián.*
femenino	weiblich	*amig**a***
la forma conjugada	die konjugierte Form	*hablo*
la forma irregular	die unregelmäßige Form	*pongo*
la forma regular	die regelmäßige Form	*hablo*
la forma verbal	die Verbform	*hablo*
la frase	der Satz	
las frases condicionales	die Bedingungssätze	*Si llueve, me quedo en casa.*
el futuro simple	das Futur	*hablaré*
el gerundio	das Gerundium	*habl**ando***
el imperativo	der Imperativ	***Pon** música.*
las indicaciones de cantidad	Mengenangaben	**un kilo de** *tomates*
las indicaciones de lugar	Ortsangaben	*El museo está **cerca de** aquí.*
las indicaciones de tiempo	Zeitangaben	***En octubre** es su cumpleaños.*
el infinitivo	der Infinitiv	*com**er***
la letra	der Buchstabe	
el marcador	der Auslöser	*ayer, esta semana*
masculino	männlich	*amig**o***
la negación	die Verneinung	***No** tienen tiempo.*
los números	die Zahlen	
los números cardinales	die Grundzahlen	*cinco*
los números ordinales	die Ordnungszahlen	*quinto/-a*
las oraciones causales	Kausalsätze	*No voy **porque** hace frío.*
las oraciones enunciativas	Aussagesätze	*Vivo en Bogotá.*
las oraciones interrogativas	Fragesätze	***¿Cómo** te llamas**?***
las oraciones temporales	Temporalsätze	***Cuando** cuenta algo es muy divertido.*
la pasiva (refleja)	das Passiv/die Passiversatzform	***Se habla** español.*
la perífrasis del futuro	die nahe Zukunft	***Voy a comer** tortilla.*
la perífrasis del pasado inmediato	die unmittelbare Vergangenheit	***Acabo de comer** tortilla.*
la perífrasis verbal	die Verbalperiphrase	***Tengo que ir** al instituto.*
		***Llevo** dos horas **bailando**.*

en español	en alemán	ejemplo
la (primera/tercera) persona	die (erste/dritte) Person	***yo** bailo, **el/ella/usted** baila*
el plural	der Plural	*amigo**s***
el porcentaje	die Prozentangabe	*un 52 %*
la posición	die Stellung	
la preposición	die Präposition	*de, a, en*
el presente	Präsens	*hablo*
el pretérito imperfecto	Imperfekt	*hablaba*
el pretérito indefinido	das *indefinido*	*hablé*
el pretérito perfecto	Perfekt	*he hablado*
el pretérito pluscuamperfecto	Plusquamperfekt	*había hablado*
el pronombre	das Pronomen	
el pronombre de complemento directo	das direkte Objektpronomen	*me, te, lo, la*
el pronombre de complemento indirecto	das indirekte Objektpronomen	*me, te, le*
el pronombre demostrativo	das Demonstrativpronomen	*este, ese, aquel*
el pronombre indefinido	das Indefinitpronomen	*mucho/-a, alguno/-a*
el pronombre interrogativo	das Fragepronomen	*¿cómo?, ¿qué?*
el pronombre personal	das Personalpronomen	*yo, tú, él, ella*
el pronombre posesivo	das Possessivpronomen	*el mío, el tuyo, el suyo*
el pronombre reflexivo	das Reflexivpronomen	*me, te, se*
el pronombre relativo	das Relativpronomen	*que, donde*
el punto	der Punkt	
la sílaba	die Silbe	*pa-ta-ta*
el singular	der Singular	*amigo*
la sintaxis	der Satzbau	
el subjuntivo	der *subjuntivo*	*haga, vaya*
el superlativo	der Superlativ	*Es el más divertido.*
el superlativo absoluto	der absolute Superlativ	*Es divertid**ísimo**.*
la sustantivación	die Substantivierung	*lo bonito*
el sustantivo	das Substantiv	*el amigo*
temporal	zeitlich	
la terminación	die (Wort)endung	*-ción, -dad*
el tiempo verbal	Tempus	*presente, pretérito indefinido*
el uso	der Gebrauch	
el verbo	das Verb	
el verbo auxiliar	das Hilfsverb	*ser, estar*
el verbo con cambio vocálico	das Verb mit Vokalwechsel	*p**e**dir: p**i**do, p**i**des, p**i**de*
el verbo con diptongación	das Diphthongverb	*emp**e**zar: emp**ie**zo, emp**ie**zas*
el verbo irregular	das unregelmäßige Verb	*poner: **pongo**, pones*
el verbo modal	das Modalverb	*querer, tener que, poder*
el verbo reflexivo	das reflexive Verb	*levantar**se**, ir**se***
el verbo regular	das regelmäßige Verb	*hablar*
la voz pasiva	das Vorgangspassiv	*América **fue descubierta** en 1492.*

13 Grammatikglossar **Glosario gramatical**

1 Los verbos auxiliares

infinitivo	**ser** (1)	**estar** (2)	**haber** (3)
presente de indicativo	**soy** **eres** **es** **somos** **sois** **son**	**estoy** est**á**s est**á** estamos estáis est**á**n	**he** **has** **ha (hay)** **hemos** habéis **han**
gerundio	siendo	estando	habiendo
participio	sido	estado	habido
pretérito indefinido	**fui** **fuiste** **fue** **fuimos** **fuisteis** **fueron**	**estuve** **estuvi**ste **estuvo** **estuvi**mos **estuvi**steis **estuvie**ron	**hube** **hub**iste **hubo** **hub**imos **hub**isteis **hub**ieron
pretérito imperfecto	**era** **eras** **era** **éramos** **erais** **eran**	estaba estabas estaba estábamos estabais estaban	había habías había habíamos habíais habían
imperativo afirmativo	**sé** sed	está estad	– –
imperativo negativo	no **seas** no **seáis**	no est**é**s no estéis	– –
futuro simple	sería serías sería seríamos seríais serían	estaré estarás estará estaremos estaréis estarán	ha**br**é ha**br**ás ha**br**á ha**br**emos ha**br**éis ha**br**án
condicional simple	seré serás será seremos seréis serán	estaría estarías estaría estaríamos estaríais estarían	ha**br**ía ha**br**ías ha**br**ía ha**br**íamos ha**br**íais ha**br**ían
presente de subjuntivo	**sea** **seas** **sea** **seamos** **seáis** **sean**	est**é** est**é**s est**é** est**e**mos estéis est**é**n	**haya** **hayas** **haya** **hayamos** **hayáis** **hayan**
imperfecto de subjuntivo	fuera fueras fuera fueramos fuerais fueran	estuviera estuvieras estuviera estuviéramos estuvierais estuvieran	hubiera hubieras hubiera hubiéramos hubierais hubieran

2 Los verbos regulares en *-ar/-er/-ir*

infinitivo	hablar (4)	comer (5)	vivir (6)	¡Ojo!
presente de indicativo	hablo hablas habla hablamos habláis hablan	como comes come comemos coméis comen	vivo vives vive vivimos vivís viven	-ger: cojo, coges, coge, cogemos, ... convencer: convenzo, convences, ... enviar: envío, envías, envía, enviamos, enviáis, envían (esquiar: esquío, esquías, ...) reunir: reúno, reúnes, reúne, reunimos, reunís, reúnen
gerundio	hablando	comiendo	viviendo	creer: creyendo, leer: leyendo
participio	hablado	comido	vivido	abrir: **abierto**, creer: creído, descubrir: **descubierto**, escribir: **escrito**, leer: leído
pretérito indefinido	hablé hablaste habló hablamos hablasteis hablaron	comí comiste comió comimos comisteis comieron	viví viviste vivió vivimos vivisteis vivieron	**-car**: busqué, buscaste, ... **-gar**: pagué, pagaste, ... **-zar**: organicé, organizaste, ... creer: creí, creíste, creyó, creímos, creísteis, creyeron leer: leí, leíste, leyó, leímos, ...
pretérito imperfecto	hablaba hablabas hablaba hablábamos hablabais hablaban	comía comías comía comíamos comíais comían	vivía vivías vivía vivíamos vivíais vivían	
imperativo afirmativo **imperativo negativo**	habla hablad no hables no habléis	come comed no comas no comáis	vive vivid no vivas no viváis	
futuro simple	hablaré hablarás hablará hablaremos hablaréis hablarán	comeré comerás comerá comeremos comeréis comerán	viviré vivirás vivirá viviremos viviréis vivirán	
condicional simple	hablaría hablarías hablaría hablaríamos hablaríais hablarían	comería comerías comería comeríamos comeríais comerían	viviría vivirías viviría viviríamos viviríais vivirían	
presente de subjuntivo	hable hables hable hablemos habléis hablen	coma comas coma comamos comáis coman	viva vivas viva vivamos viváis vivan	**-car**: busque, busques, ... **-gar**: pague, pagues, ... **-ger**: coja, cojas, ... **-zar**: organice, organices, ... enviar: envíe, envíes, ... reunir: reúna, reúnas, ...
imperfecto de subjuntivo	hablara hablaras hablara habláramos hablarais hablaran	comiera comieras comiera comiéramos comierais comieran	viviera vivieras viviera viviéramos vivierais vivieran	

3 Grupos de verbos

3.1 Los verbos con diptongación e → ie

infinitivo	pensar (7)	entender (8)	preferir (9)	¡Ojo!
presente de indicativo	pienso piensas piensa pensamos pensáis piensan	entiendo entiendes entiende entendemos entendéis entienden	prefiero prefieres prefiere preferimos preferís prefieren	
gerundio	pensando	entendiendo	prefiriendo	
participio	pensado	entendido	preferido	
pretérito indefinido	pensé pensaste pensó pensamos pensasteis pensaron	entendí entendiste entendió entendimos entendisteis entendieron	preferí preferiste prefirió preferimos preferisteis prefirieron	**-zar**: empecé, empezaste, empezó, empezamos, ... querer: **quise**, **quis**iste, **quiso**, **quis**imos, **quis**isteis, **quis**ieron
pretérito imperfecto	pensaba pensabas pensaba pensábamos pensabais pensaban	entendía entendías entendía entendíamos entendíais entendían	prefería preferías prefería preferíamos preferíais preferían	
imperativo afirmativo imperativo negativo	piensa pensad no pienses no penséis	entiende entended no entiendas no entendáis	prefiere preferid no prefieras no prefiráis	
futuro simple	pensaré pensarás pensará pensaremos pensaréis pensarán	entenderé entenderás entenderá entenderemos entenderéis entenderán	preferiré preferirás preferirá preferiremos preferiréis preferirán	querer: querré, querrás, querrá, querremos, querréis, querrán
condicional simple	pensaría pensarías pensaría pensaríamos pensaríais pensarían	entendería entenderías entendería entenderíamos entenderíais entenderían	preferiría preferirías preferiría preferiríamos preferiríais preferirían	
presente de subjuntivo	piense pienses piense pensemos penséis piensen	entienda entiendas entienda entendamos entendáis entiendan	prefiera prefieras prefiera prefiramos prefiráis prefieran	
imperfecto de subjuntivo	pensara pensaras pensara pensáramos pensarais pensaran	entendiera entendieras entendiera entendiéramos entendierais entendieran	prefiriera prefirieras prefiriera prefiriéramos prefirierais prefirieran	

Los verbos con diptongación o → ue

infinitivo	aprobar (10)	volver (11)	dormir (12)	¡Ojo!
presente de indicativo	apruebo apruebas aprueba aprobamos aprobáis aprueban	vuelvo vuelves vuelve volvemos volvéis vuelven	duermo duermes duerme dormimos dormís duermen	o → üe avergonzar: avergüenzo, avergüenzas, avergüenza, ... u → ue jugar: juego, juegas, juega, jugamos, jugáis, juegan
gerundio	aprobando	volviendo	durmiendo	poder: pudiendo
participio	aprobado	**vuelto**	dormido	morir: **muerto**
pretérito indefinido	aprobé aprobaste aprobó aprobamos aprobasteis aprobaron	volví volviste volvió volvimos volvisteis volvieron	dormí dormiste durmió dormimos dormisteis durmieron	jugar: jugué, jugaste, jugó, ... poder: **pude**, **pud**iste, **pudo**, **pud**imos, **pud**isteis, **pud**ieron -zar: esforcé, esforzaste, esforzó, esforzamos, ...
pretérito imperfecto	aprobaba aprobabas aprobaba aprobábamos aprobabais aprobaban	volvía volvías volvía volvíamos volvíais volvían	dormía dormías dormía dormíamos dormíais dormían	
imperativo afirmativo imperativo negativo	aprueba aprobad no apruebes no aprobéis	vuelve volved no vuelvas no volváis	duerme dormid no duermas no durmáis	
futuro simple	aprobaré aprobarás aprobará aprobaremos aprobaréis aprobarán	volveré volverás volverá volveremos volveréis volverán	dormiré dormirás dormirá dormiremos dormiréis dormirán	poder: podré, podrás, podrá, podremos, podréis, podrán
condicional simple	aprobaría aprobarías aprobaría aprobaríamos aprobaríais aprobarían	volvería volverías volvería volveríamos volveríais volverían	dormiría dormirías dormiría dormiríamos dormiríais dormirían	poder: podría, podrías, podría, podríamos, podríais, podrían
presente de subjuntivo	apruebe apruebes apruebe aprobemos aprobéis aprueben	vuelva vuelvas vuelva volvamos volváis vuelvan	duerma duermas duerma durmamos durmáis duerman	jugar: juegue, juegues, ... esforzar: esfuerce, esfuerces, esfuerce, esforcemos, ... avergonzar: avergüence, avergüences, avergüence, avergoncemos, ...
imperfecto de subjuntivo	aprobara aprobaras aprobara aprobáramos aprobarais aprobaran	volviera volvieras volviera volviéramos volvierais volvieran	durmiera durmieras durmiera durmiéramos durmierais durmieran	

3.2 Los verbos con debilitación vocálica e → i

infinitivo	pedir (13)	¡Ojo!
presente de indicativo	pido pides pide pedimos pedís piden	**-gir:** elijo, eliges, elige, elegimos, elegís, eligen seguir: sigo, sigues, sigue, seguimos, seguís, siguen
gerundio	pidiendo	
participio	pedido	
pretérito indefinido	pedí pediste pidió pedimos pedisteis pidieron	
pretérito imperfecto	pedía pedías pedía pedíamos pedíais pedían	
imperativo afirmativo imperativo negativo	pide pedid no pidas no pidáis	
futuro simple	pediré pedirás pedirá pediremos pediréis pedirán	
condicional simple	pediría pedirías pediría pediríamos pediríais pedirían	
presente de subjuntivo	pida pidas pida pidamos pidáis pidan	**-gir:** elija, elijas, elija, elijamos, elijáis, elijan
imperfecto de subjuntivo	pidiera pidieras pidiera pidiéramos pidierais pidieran	

3.3 Los verbos en *-ocer, -acer, -ecer, -ucir*

c → zc

infinitivo	**conocer** (14)	¡Ojo!
presente de indicativo	cono**zc**o conoces conoce conocemos conocéis conocen	
gerundio	conociendo	
participio	conocido	
pretérito indefinido	conocí conociste conoció conocimos conocisteis conocieron	traducir: tradu**j**e, tradu**j**iste, tradu**j**o, tradu**j**imos, tradu**j**isteis, tradu**j**eron producir: produje, ...
pretérito imperfecto	conocía conocías conocía conocíamos conocíais conocían	
imperativo afirmativo **imperativo negativo**	conoce conoced no cono**zc**as no cono**zc**áis	
futuro simple	conoceré conocerás conocerá conoceremos conoceréis conocerán	
condicional simple	conocería conocerías conocería conoceríamos conoceríais conocerían	
presente de subjuntivo	cono**zc**a cono**zc**as cono**zc**a cono**zc**amos cono**zc**áis cono**zc**an	
imperfecto de subjuntivo	conociera conocieras conociera conociéramos conocierais conocieran	

3.4 Los verbos en *-uir*

i → y

infinitivo	**construir** (15)
presente de indicativo	constru**y**o constru**y**es constru**y**e construimos construís constru**y**en
gerundio	constru**y**endo
participio	construido
pretérito indefinido	construí construiste constru**y**ó construimos construisteis constru**y**eron
pretérito imperfecto	construía construías construía construíamos construíais construían
imperativo afirmativo **imperativo negativo**	constru**y**e construid no constru**y**as no constru**y**áis
futuro simple	construiré construirás construirá construiremos construiréis construirán
condicional simple	construiría construirías construiría construiríamos construiríais construirían
presente de subjuntivo	constru**y**a constru**y**as constru**y**a constru**y**amos constru**y**áis constru**y**an
imperfecto de subjuntivo	constru**y**era constru**y**eras constru**y**era constru**y**éramos constru**y**erais constru**y**eran

4 Los verbos irregulares

infinitivo	**caer** (16)	**dar** (17)	**decir** (18)	**hacer** (19)	**ir** (20)
presente de indicativo	**caigo** caes cae caemos caéis caen	**doy** das da damos dais dan	**digo** dices dice decimos decís dicen	**hago** haces hace hacemos hacéis hacen	**voy** **vas** **va** **vamos** **vais** **van**
gerundio	ca**y**endo	dando	diciendo	haciendo	**yendo**
participio	ca**í**do	dado	**dicho**	**hecho**	ido
pretérito indefinido	ca**í** ca**í**ste ca**yó** ca**í**mos ca**í**steis ca**y**eron	**di** **diste** **dio** **dimos** **disteis** **dieron**	**dije** **dij**iste **dijo** **dij**imos **dij**isteis **dijeron**	**hice** **hic**iste **hizo** **hic**imos **hic**isteis **hic**ieron	**fui** **fuiste** **fue** **fuimos** **fuisteis** **fueron**
pretérito imperfecto	caía caías caía caíamos caíais caían	daba dabas daba dábamos dabais daban	decía decías decía decíamos decíais decían	hacía hacías hacía hacíamos hacíais hacían	**iba** **ibas** **iba** **íbamos** **ibais** **iban**
imperativo afirmativo **imperativo negativo**	cae caed no **caig**as no **caig**áis	da dad no des no deis	**di** decid no **dig**as no **dig**áis	**haz** haced no **hag**as no **hag**áis	**ve** id no **vayas** no **vayáis**
futuro simple	caeré caerás caerá caeremos caeréis caerán	daré darás dará daremos daréis darán	**dir**é **dir**ás **dir**á **dir**emos **dir**éis **dir**án	**har**é **har**ás **har**á **har**emos **har**éis **har**án	iré irás irá iremos iréis irán
condicional simple	caería caerías caería caeríamos caeríais caerían	daría darías daría daríamos daríais darían	**dir**ía **dir**ías **dir**ía **dir**íamos **dir**íais **dir**ían	**har**ía **har**ías **har**ía **har**íamos **har**íais **har**ían	iría irías iría iríamos iríais irían
presente de subjuntivo	**caig**a **caig**as **caig**a **caig**amos **caig**áis **caig**an	**dé** des **dé** demos deis den	**dig**a **dig**as **dig**a **dig**amos **dig**áis **dig**an	**hag**a **hag**as **hag**a **hag**amos **hag**áis **hag**an	**vaya** **vayas** **vaya** **vayamos** **vayáis** **vayan**
imperfecto de subjuntivo	cayera cayeras cayera cayérmos cayerais cayeran	diera dieras diera diéramos dierais dieran	dijera dijeras dijera dijéramos dijerais dijeran	hiciera hicieras hiciera hiciéramos hicierais hicieran	fuera fueras fuera fuéramos fuerais fueran

infinitivo	**oír** (21)	**poner** (22)	**reír** (23)	**saber** (24)	**salir** (25)
presente de indicativo	**oigo** o**y**es o**y**e oímos oís o**y**en	**pongo** pones pone ponemos ponéis ponen	**río** r**í**es r**í**e reímos reís r**í**en	**sé** sabes sabe sabemos sabéis saben	**salgo** sales sale salimos salís salen
gerundio	**oyendo**	poniendo	r**i**endo	sabiendo	saliendo
participio	oído	**puesto**	reído	sabido	salido
pretérito indefinido	oí oíste o**y**ó oímos oísteis o**y**eron	**puse** **pus**iste **puso** **pus**imos **pus**isteis **pus**ieron	reí reíste rio reímos reísteis r**i**eron	**supe** **sup**iste **supo** **sup**imos **sup**isteis **sup**ieron	salí saliste salió salimos salisteis salieron
pretérito imperfecto	oía oías oía oíamos oíais oían	ponía ponías ponía poníamos poníais ponían	reía reías reía reíamos reíais reían	sabía sabías sabía sabíamos sabíais sabían	salía salías salía salíamos salíais salían
imperativo afirmativo	o**y**e oíd	**pon** poned	r**í**e reíd	sabe sabed	**sal** salid
imperativo negativo	no **oig**as no **oig**áis	no **pong**as no **pong**áis	no r**í**as no r**i**áis	no **sepas** no **sepáis**	no **salg**as no **salg**áis
futuro simple	oiré oirás oirá oiremos oiréis oirán	pon**dr**é pon**dr**ás pon**dr**á pon**dr**emos pon**dr**éis pon**dr**án	reiré reirás reirá reiremos reiréis reirán	sa**br**é sa**br**ás sa**br**á sa**br**emos sa**br**éis sa**br**án	sal**dr**é sal**dr**ás sal**dr**á sal**dr**emos sal**dr**éis sal**dr**án
condicional simple	oiría oirías oiría oiríamos oiríais oirían	pon**dr**ía pon**dr**ías pon**dr**ía pon**dr**íamos pon**dr**íais pon**dr**ían	reiría reirías reiría reiríamos reiríais reirían	sa**br**ía sa**br**ías sa**br**ía sa**br**íamos sa**br**íais sa**br**ían	sal**dr**ía sal**dr**ías sal**dr**ía sal**dr**íamos sal**dr**íais sal**dr**ían
presente de subjuntivo	**oig**a **oig**as **oig**a **oig**amos **oig**áis **oig**an	**pong**a **pong**as **pong**a **pong**amos **pong**áis **pong**an	r**í**a r**í**as r**í**a r**i**amos r**i**ais r**í**an	**sep**a **sep**as **sep**a **sep**amos **sep**áis **sep**an	**salg**a **salg**as **salg**a **salg**amos **salg**áis **salg**an
imperfecto de subjuntivo	oyera oyeras oyera oyéramos oyerais oyeran	pusiera pusieras pusiera pusiéramos pusierais pusieran	riera rieras riera riéramos rierais rieran	supiera supieras supiera supiéramos supierais supieran	saliera salieras saliera saliéramos salierais salieran

infinitivo	**tener** (26)	**traer** (27)	**venir** (28)	**ver** (29)
presente de indicativo	**tengo** tienes tiene tenemos tenéis tienen	**traigo** traes trae traemos traéis traen	**vengo** vienes viene venimos venís vienen	**veo** ves ve vemos veis ven
gerundio	teniendo	trayendo	viniendo	viendo
participio	tenido	traído	venido	**visto**
pretérito indefinido	**tuve** **tuv**iste **tuvo** **tuv**imos **tuv**isteis **tuv**ieron	**traje** **traj**iste **trajo** **traj**imos **traj**isteis **traj**eron	**vine** **vin**iste **vino** **vin**imos **vin**isteis **vin**ieron	vi viste vio vimos visteis vieron
pretérito imperfecto	tenía tenías tenía teníamos teníais tenían	traía traías traía traíamos traíais traían	venía venías venía veníamos veníais venían	**veía** **veías** **veía** **veíamos** **veíais** **veían**
imperativo afirmativo	**ten** tened	trae traed	**ven** venid	ve ved
imperativo negativo	no **teng**as no **teng**áis	no **traig**as no **traig**áis	no **veng**as no **veng**áis	no **veas** no **veáis**
futuro simple	ten**dr**é ten**dr**ás ten**dr**á ten**dr**emos ten**dr**éis ten**dr**án	traeré traerás traerá traeremos traeréis traerán	ven**dr**é ven**dr**ás ven**dr**á ven**dr**emos ven**dr**éis ven**dr**án	veré verás verá veremos veréis verán
condicional simple	ten**dr**ía ten**dr**ías ten**dr**ía ten**dr**íamos ten**dr**íais ten**dr**ían	traería traerías traería traeríamos traeríais traerían	ven**dr**ía ven**dr**ías ven**dr**ía ven**dr**íamos ven**dr**íais ven**dr**ían	vería verías vería veríamos veríais verían
presente de subjuntivo	**teng**a **teng**as **teng**a **teng**amos **teng**áis **teng**an	**traig**a **traig**as **traig**a **traig**amos **traig**áis **traig**an	**veng**a **veng**as **veng**a **veng**amos **veng**áis **veng**an	**vea** **veas** **vea** **veamos** **veáis** **vean**
imperfecto de subjuntivo	tuviera tuvieras tuviera tuviéramos tuvierais tuvieran	trajera trajeras trajera trajéramos trajerais trajeran	viniera vinieras viniera viniéramos vinierais vinieran	viera vieras viera viéramos vierais vieran

Verbliste **Lista de verbos**

Die folgende Liste enthält alle Verben aus ***Puente al Español*** 1, 2 und 3. Die Zahl hinter jedem Verb verweist auf die Nummer eines in der vorhergegangenen Tabellen aufgeführten Verbs, das die gleiche Konjugation aufweist. So bedeutet zum Beispiel **abrir** → 6, dass **abrir** wie das Verb 6 (also **vivir**) konjugiert wird.

A

abrir → 6
aburrirse → 6
acabar → 4
acampar → 4
acceder → 5
aceptar → 4
acompañar → 4
acordar(se) → 10
acostarse → 10
admirar → 4
adorar → 4
agotar → 4
ahorrar → 4
alegrarse → 4
alojarse → 4
alquilar → 4
alucinar → 4
amenazar → 4
analizar → 4
aparecer → 14
apasionar → 4
apetecer → 14
aportar → 4
apoyar → 4
aprender → 5
aprobar → 10
aprovechar → 4
apuntar → 4
arreglar → 4
asesinar → 4
asustar → 4
atender → 8
atraer → 27
aumentar → 4
avergonzarse → 10
avisar → 4
ayudar → 4

B

bailar → 4
bajar → 4
bañar(se) → 4
bautizar → 4
beber → 5
besar → 4
borrar → 4
buscar → 4

C

caer(se) → 16
cambiar → 4
caminar → 4
cansar(se) → 4
cantar → 4
casarse → 4
celebrar → 4
cenar → 4
centrarse → 4
cerrar → 7
charlar → 4
chatear → 4
cocinar → 4
coger → 5
colaborar → 4
colgar → 10
comentar → 4
comenzar → 7
comparar → 4
compartir → 6
comprar → 4
comprobar → 10
comunicar(se) → 4
conducir → 14
conectar(se) → 4
conocer → 14
conquistar → 4
conseguir → 13
conservar → 4
considerar → 4
construir → 15
consumir → 6
contaminar → 4
contar → 10
contestar → 4
continuar → 4
contratar → 4
convertir → 9
convidar → 4
convivir → 6
corregir → 13
costar → 10
crear →4
crecer → 14
creer → 5
cruzar → 4
cubrir → 6
cuidar → 4
cultivar → 4
cumplir → 6
curar → 4

D

dar → 15
decidir → 6
decir → 18
declarar → 4
dedicar → 4
dejar → 4
desarrollar → 4
desayunar → 4
descansar → 4
describir → 6
descubrir → 6
desear → 4
despedirse → 13
despertarse → 7
destacar → 4
discutir → 6
disfrutar → 4
divertirse → 9
dividir → 6
doctorarse → 4
dormir(se) → 12
ducharse → 4
dudar → 4
duplicar → 4
durar → 4

E

echar → 4
elegir → 13
emigrar → 4
empezar → 7
enamorarse → 4
encantar → 4
encontrar(se) → 10
enfadar(se) → 4
enseñar → 4
entender → 8
entrar → 4
entrenarse → 4
entrevistar → 4
enviar → 4
escalar → 4
escribir → 6
escuchar → 4
esforzarse → 10
esperar → 4
esquiar → 4
estar → 2
estudiar → 4
evitar → 4
existir → 6
explicar → 4
explotar → 4
exponer → 22
exportar → 4
expresar → 4

F

faltar → 4
felicitar → 4
fijarse → 4
funcionar → 4

G

ganar → 4
gastar → 4
girar → 4
gobernar → 7
guardar → 4
gustar → 4

H

haber → 3
hablar → 4
hacer → 19
huir → 15

I

identificar → 4
imaginarse → 4
imitar → 4
importar → 4
impulsar → 4
incluir → 15
indicar → 4
influir → 15
informarse → 4
iniciar → 4
inspirar → 4
interesar → 4
interpretar → 4
invitar → 4
ir(se) → 20

J

jugar → 10

L

leer → 5
levantarse → 4
limitar → 4
llamar(se) → 4
llegar → 4
llenar(se) → 4
llevar(se) → 4
liberar → 4
limpiar → 4
llover → 11
luchar → 4

M

malgastar → 4
mandar → 4
manipular → 4
mantener → 26
marcar → 4
mejorar → 4
mentir → 9
mirar → 4
molar → 4
molestar → 4
morir → 12
moverse → 11
mudarse → 4

N

nacer → 14
navegar → 4
necesitar → 4
negarse → 7
nevar → 7
nombrar → 4

O

obligar → 4
observar → 4
obtener → 26
ocupar → 4
oír → 21
olvidar → 4
opinar → 4
ordenar → 4
organizar → 4

P

pagar → 4
parecer → 14
participar → 4
pasar → 4
pedir → 13
pensar → 7
perder → 8

perdonar → 4
permitir → 6
pintar → 4
planear → 4
plantar → 4
poder → 11
poner(se) → 22
practicar → 4
preferir → 9
preguntar → 4
preocuparse → 4
preparar → 4
presentar → 4
probar(se) → 10
producir → 14
prometer → 5
promocionar → 4
proponer → 22
proteger → 5
protestar → 4
provocar → 4

Q

quedar(se) → 4
quemar → 4
querer → 8

R

rapear → 4
reaccionar → 4
realizar → 4
recibir → 6
reciclar → 4
recoger → 5
recomendar → 7
reconocer → 14
recordar → 10
reducir → 14
regalar → 4
reír(se) → 23
relacionar → 4
relajarse → 4
rendirse → 13
reparar → 4
repartir → 6
repetir → 13
representar → 4
respetar → 4
resolver → 11
reunirse → 6
revisar → 4
robar → 4
rodear → 4

S

saber → 24
sacar → 4
salir → 25
salvar → 4
saludar(se) → 4
seguir → 13
sentar(se) → 7
sentir(se) → 9
separarse → 4
ser → 1
servir → 13
situar → 4
soler → 11
sonar → 10
sorprender → 5
subir → 6
suponer → 22
suspender → 5

T

tener → 26
terminar(se) → 4
tirar → 4
tocar → 4
tomar → 4
trabajar → 4
traducir → 14
traer → 27
transmitir → 6
trasladar → 4
tratar → 4
tumbar(se)→ 4

U

unirse → 6
usar → 4
utilizar → 4

V

valer la pena → 5
vender → 5
venir → 28
ver → 29
viajar → 4
visitar → 4
vivir → 6
volar → 10
volver → 11

Das Alphabet **El alfabeto**

Buchstabe	Lesart	Lautschrift/Aussprache	Beispiel
A a	a	[a]	**a**miga
B b	be	[b] am Wortanfang wie **B**erge [β] in der Wortmitte **weicher**, zwischen **b** und **v**	**b**arrio tra**b**ajar
C c	ce	[k] vor a, o und u wie **K**ino [θ] vor e und i wie englisch "**th**ick"	**c**antante, **C**olombia, **c**uatro **C**elia, **c**inco
Ch ch	che	[tʃ] wie **tsch**üss	**ch**ico
D d	de	[d] im Anlaut und nach n und l wie **D**ach; [ð] sonst etwas schwächer als englisch "**th**e"	¿**d**ónde? vi**d**a
E e	e	[e]	**e**l
F f	efe	[f] wie **F**erien	**f**antástico
G g	ge	[G] vor a, o und u wie **G**ans[1] [χ] vor e und i wie a**ch**t	**g**afas, **g**ordito, **g**uapo **g**enial, **G**ilberto
H h	hache	wird **nicht ausgesprochen**	**h**oy
I i	i	[i]	**i**dea
J j	jota	[χ] wie a**ch**t	**j**ugar
K k	ka	[k] wie **K**ino	**k**ilo
L l	ele	[l] wie **L**ampe	**l**eer
Ll ll	elle	[ʎ] ähnlich wie **j**a	me **ll**amo
M m	eme	[m] wie **M**utter	**M**adrid
N n	ene	[n] wie **n**ein	**n**o
Ñ ñ	eñe	[ɲ] etwa wie n und j, wie Co**gn**ac	Espa**ñ**a
O o	o	[o]	Buena **O**nda
P p	pe	[p] wird **nicht gehaucht**	**p**alabra
Q q	cu	[k] wie **K**ino, das u wird nicht ausgesprochen	**qu**ince
R r	ere erre	[r] wird **gerollt** [rr] wird am Wortanfang und als Doppelbuchstabe **stärker gerollt**	pa**r**a **r**adio, abu**rr**ido
S s	ese	[s] wird **stimmlos** ausgesprochen wie Mau**s**	**s**í
T t	te	[t] wird **nicht gehaucht**	**t**ocar
U u	u	[u]	**u**no
V v	uve	[b] am Wortanfang wie **B**erge [β] wie **B b**, in der Wortmitte **weicher**, zwischen b und **v**	**v**ale nue**v**e
W w	uve doble	häufig wie das spanische v ([b]/[β])	**w**eb
X x	equis	[x] wie **ks** in Keks oder stimmloses **s** in Maus	e**x**plicar
Y y	ye	[j] wie **j**a	pla**y**a
Z z	zeta	[θ] wie englisch "**th**ick"	pla**z**a

Vokale werden im Spanischen kürzer und offener als im Deutschen ausgesprochen.
Konsonanten klingen weicher.

1 Den [g]-Laut vor einem e oder i schreibt man **gue** oder **gui**, das u wird nicht ausgesprochen, z. B. al**gui**en.

Indicaciones para los ejercicios

Apunta/Apuntad las letras o la respuesta individual en el cuaderno.	***Notiere/Notiert*** *die Buchstaben oder die individuelle Antwort im Heft.*
Busca/Buscad en el texto todas las formas del verbo/ las palabras clave/los errores.	***Suche/Sucht*** *im Text alle Verbformen/die Schlüsselwörter/ die Fehler.*
Cambiad los papeles.	***Tauscht*** *die Rollen.*
Comenta/Comentad las siguientes frases.	***Kommentiere/Kommentiert*** *die folgenden Sätze.*
Compara/Comparad ... con ...	***Vergleiche/Vergleicht*** *... mit ...*
Completa/Completad con la forma correspondiente del verbo.	***Vervollständige/Vervollständigt*** *mit der passenden Verbform.*
Comprueba/Comprobad tus/vuestras respuestas.	***Überprüfe/Überprüft*** *deine/eure Antworten.*
Conjuga/Conjugad el verbo.	***Konjugiere/Konjugiert*** *das Verb.*
Contesta/Contestad a las preguntas.	***Antworte/Antwortet*** *auf die Fragen.*
Continúa/Continuad como en el ejemplo.	***Fahre/Fahrt fort*** *wie im Beispiel.*
Corrige/Corregid las frases falsas/los resúmenes falsos.	***Berichtige/Berichtigt*** *die falschen Sätze/Zusammenfassungen.*
Cuenta/Contad ...	***Erzähle/Erzählt*** *...*
Describe/Describid ... Tu compañero/-a adivina qué es.	***Beschreibe/Beschreibt*** ... Dein/e Partner/in rät, was es ist.
Di/Decid lo contrario.	***Sage/Sagt*** *das Gegenteil.*
Dibuja/Dibujad ...	***Zeichne/Zeichnet*** *...*
Discutid en parejas/en clase sobre ...	***Diskutiert*** *zu zweit/in der Klasse über ...*
Diseña/Diseñad un folleto.	***Entwirf/Entwerft*** *eine Broschüre.*
Elige/Elegid la frase correcta/una actividad.	***Wähle/Wählt*** *den richtigen Satz/eine Aufgabe* ***aus****.*
Escribe/Escribid el texto en el orden correcto.	***Schreibe/Schreibt*** *den Text in der richtigen Reihenfolge.*
Escucha/Escuchad otra vez el diálogo/la canción.	***Höre dir/Hört euch*** *den Dialog/das Lied noch einmal* ***an****.*
Explica/Explicad por qué ...	***Erkläre/Erklärt****, warum ...*
Fíjate/Fijaos en ...	***Achte/Achtet*** *auf ...*
Forma/Formad por lo menos ... frases con sentido.	***Bilde/Bildet*** *mindestens ... sinnvolle Sätze.*
Formula/Formulad la regla.	***Formuliere/Formuliert*** *die Regel.*
Habla/Hablad un minuto de ...	***Sprich/Sprecht*** *eine Minute lang über ...*
Haz/Haced el diálogo.	***Erstelle/Erstellt*** *den Dialog.*
Intercambiad la información en clase.	***Tauscht*** *eure Informationen in der Klasse* ***aus****.*
Inventa/Inventad un título para cada párrafo.	***Denk dir/Denkt euch*** *eine Überschrift zu jedem Absatz* ***aus****.*
Jugad con un dado.	***Spielt*** *mit einem Würfel.*
Junta/Juntad más ideas en la pizarra.	***Sammle/Sammelt*** *weitere Ideen an der Tafel.*
Justifica/Justificad la decisión.	***Begründe/Begründet*** *die Entscheidung.*
Lee/Leed el poema/el diálogo en voz alta.	***Lies/Lest*** *das Gedicht/den Dialog laut* ***vor****.*
Localiza/Localizad los lugares en el mapa.	***Finde/Findet*** *die Orte auf der Karte.*
Mejora/Mejorad el estilo del texto.	***Verbessere/Verbessert*** *den Stil des Textes.*
Mira/Mirad los dibujos/la estadística.	***Sieh dir/Seht euch*** *die Zeichnungen/die Statistik* ***an****.*
Ordena/Ordenad las formas del verbo.	***Ordne/Ordnet*** *die Verbformen.*
Pregunta/Preguntad a dos compañeros/-as por ...	***Frage/Fragt*** *zwei Mitschüler/innen nach ...*
Prepara/Preparad una presentación sobre ...	***Bereite/Bereitet*** *eine Präsentation über ...* ***vor****.*
Presenta/Presentad los resultados en clase.	***Stelle/Stellt*** *die Ergebnisse in der Klasse* ***vor****.*
Reacciona/Reaccionad con las siguientes expresiones.	***Reagiere/Reagiert*** *mit den folgenden Ausdrücken.*
Relaciona/Relacionad ... con ...	***Verbinde/Verbindet*** *... mit ...*
Repartid el trabajo.	***Teilt*** euch die Arbeit ***auf****.*
Repite/Repetid ...	***Wiederhole/Wiederholt*** *...*
Representad el diálogo en clase.	***Spielt*** *den Dialog in der Klasse* ***vor****.*
Sustituye/Sustituid ... por ...	***Ersetze/Ersetzt*** *... durch ...*
Termina/Terminad el e-mail/diálogo.	***Beende/Beendet*** *die Mail/den Dialog.*
Toma/Tomad apuntes.	***Mache dir/Macht euch Notizen****.*
Trabajad en parejas/en grupos de tres.	***Arbeitet*** *zu zweit/zu dritt.*
Traduce/Traducid las siguientes frases.	***Übersetze/Übersetzt*** *die folgenden Sätze.*
Transforma/Transformad el texto.	***Schreibe/Schreibt*** *den Text* ***um****.*
Usa/Usad el diccionario si es necesario.	***Verwende/Verwendet*** *wenn nötig das Wörterbuch.*